いつもぎりぎりアウトの人が
身につけるべき

遅れない技術

石谷慎悟
Shingo Ishitani

明日香出版社

はじめに

本書のタイトルは「いつもぎりぎりアウトの人が身につけるべき　遅れない技術」です。

おそらく、本書を私の学生時代の友人たちが手に取ったら、「おまえにだけは言われたくない！」と声をそろえて言うでしょう。なにせ、この〝いつもぎりぎりアウトの人〟とは、かつての私自身のことだからです。


友人との約束の時間にはいつも30分ほど遅れ、学校の始業時間やアルバイトの時間にはそれこそ2、3分遅れるのが当たり前でした。

しかし、あるとき、自分がどれだけ友人たちやアルバイト先の仲間たちに迷惑をかけていたのか、周囲の自分に対する評価がどのようなものなのかに気がつき、これではいけないと思うようになりました。

「もし、あのまま社会人になっていたら……」と考えるとぞっとします。

あなたはどうですか？

私たちは、仕事や私生活のいろいろな場面で遅れてしまっています。はっきり言って、遅れることを完全になくすことは不可能でしょう。だからといって、「しょうがない……」とか「自分はそのような性格だから……」と開き直ってしまったら、そこで終わりです。多くの人に迷惑や損害を与え、自分も多くの機会を失ってしまいます。

〝遅れる〟ただそれだけのことです。

しかし、それによる影響は計りしれません。

私は、〝遅れてしまう〟ことを1つでもなくすことができたら、その分だけ有意義に時間を使えたり、信頼を高められたりするのではないかと考え、本書を書こうと思いました。

私の経験から、難しいことや大変なことを急にやろうとすれば、必ず失敗に終わります。ですから本書では、本当に簡単なことや基本的な考え方を紹介しています。できている人が見れば、当たり前のことも書かれているかもしれません。しかし遅れてしまう人にとっては、知らなかったり、忘れてしまいがちなことだったりします。

もしあなたが、〝遅れてしまう〟と思っていることがあるのなら、ぜひ本書に書かれていることに取り組んでみてください。きっと何かが変わるはずです。

本書が、あなたがイキイキと働くための一助になれば幸いです。

２０１２年　石谷慎悟

いつもぎりぎりアウトの人が身につけるべき　遅れない技術　もくじ

はじめに

第1章　期日（納期）に遅れる

01 期日に対する認識が甘い　016

02 「出来上がり」に対する認識が違う　022

03 作業に抜け・漏れがある　027

04 作業の状況を把握していない　033

05 自分の能力を把握していない　038

06 作業間の連携が悪い　042

07 外部からの提供が遅れる 048
08 トラブルが発生する 051
09 判断が遅い 054

第2章 待ち合わせ・アポイントに遅れる

01 約束を忘れている 061
02 時間を忘れる 066
03 そこまでの過程を考慮していない 071
04 直前に割り込みが入る 076
05 連絡をしない 080

06 遅れることに対する影響を考えていない 083

第3章 異常や問い合わせの対応が遅れる

01 異常や問い合わせが発生していることに気がつかない 092
02 気づいたこと・問い合わせを忘れてしまう 097
03 異常や問い合わせ内容を正しく把握していない 101
04 異常や問い合わせが想定されていない 105
05 結論に至るまで報告しない 109
06 連絡に足踏みする 112

第4章 仕事が他者より遅れる

01 周囲の状況を見ていない 119
02 知識や技能が足りない 123
03 過剰に余裕（自信）を持っている 127
04 他者に聞くことができない 132
05 やり方が違っている 136
06 ミスや失敗を繰り返す 141

第5章 会議やミーティングの進行が遅れる

01 ゴールが明確ではない 149

02 集まりが悪い 153
03 道標が設定されていない 156
04 進行者がいない 159
05 脇道へ逸れる 163
06 同じことが繰り返される 166

第6章 顧客へのアプローチが遅れる

01 重要な情報を収集できていない 173
02 仲間と連携が取れていない 177
03 事前の準備が行われていない 181

04 関係部署との調整が取れていない 184
05 タイミングを計っているつもり 187
おわりに

○カバーデザイン　デジカル　萩原弦一郎

第1章

期日（納期）に遅れる

仕事をしていく中で、依頼されたものを約束の期日に提供できないことは致命的です。どれだけ優れた内容でも、どれだけ思いを込めて作っても、期日に間に合わなければ相手の手には届かないのです。

「多少、期日から遅れても、いいものができれば大丈夫なこともある」と思われる人もいるかもしれません。しかしそれは、相手が提示した期日が、本当の期日ではなかったということです。

本当の期日とは、相手がその製品やサービスを使用したい、使用しなければならないというときです。ですから、その期日を逃したら、もうその製品やサービスは必要ありません。万が一「いらない」とはならなかったとしても、その製品やサービスは「次の機会のために……」ということになり、そのものの価値は急激に下がっているのです。

約束した期日に提供するということは、自分の能力の限界を知ることにもなります。

企画、設計、提案などの思考を伴う業務においては特にそうです。これらの思考を伴う仕事は、時間をかければ、かけただけいいものができます。時間が増えれば、想定することも増え、いろいろな角度からの検討もできるからです。

しかし、私たちの使用できる時間には限りがあります。ですから、その限られた時間の中で、どれだけのものを作り上げることができるかが、その人の能力なのです。

「もう少し時間があれば、もっといいものにできたのですが……」と言う人がいますが、そんなことは誰もが分かっていることなので、言い訳にもなっていません。

ただ単に「私には能力があるけれど、それを発揮するための時間がないだけだ」と自分を慰め、現実から逃げているだけなのです。

決められた時間に作り上げられたものが、優れたものであっても、陳腐なものであってもそれがそのときのあなたの能力なのです。

そのことを受け入れ「現在の自分はここまでしかできない、でも明日にはあそこまでできるようになろう」と考え、自分を成長させていきましょう。

01 期日に対する認識が甘い

今、あなたが行っている仕事の期日はいつですか。しっかりと認識していますか。

仕事には必ず期日があります。仕事とは目的を果たすために行うものです。そして、目的を果たすのはいつでもいいなどということはありません。数日後あるいは数年後など、ものによってスケールの差こそあれ、必ずいつまでに果たしたいという期日が存在します。

しかし、実際に自分の抱えている仕事の1つ1つを考えてみると、意外に期日がはっきりしていないものが多いのです。「○日くらいまでにはやらないといけない」「やっておく必要はあるけど、今のところ期日は……」などと思うものが結構あります。

ちなみに、「○日くらいまでにはやらないといけない」と思っている仕事が○日までに行われることや、「やっておく必要はあるけれど、今のところ期日は……」と思っている

仕事が行われることは皆無でしょう。なぜなら、あいまいな期日の仕事を実施するほど、余裕を持って働いている人はほとんどいないからです。

そのような仕事は、期日が明確になった段階で、慌てて着手することになります。そして、「こんなことになるなら、もっと早くにやっておくべきだった……」と後悔するのです。

このように**期日に対する認識が甘くなってしまう原因は、依頼者から本当の期日を聞いていない**ということが多いようです。仕事を受けたときに「いつまでに行うのか？」という期日をまず確実に聞くことが大切です。

また、相手が依頼するときの表現の仕方や、**自分のいつもの感覚から勝手に期日をゆるく受け止めてしまう**こともあります。

「〇日までに」という単純な期日であっても、伝える側の状況などによって内容は異なります。

例えば、どうしても「〇日までに」出来上がっていないと困るということもありますし、だいたい「〇日までに」出来上がっていると助かるということもあります。また、この作業なら「〇日までに」は出来上がるだろうということもあります。

「どうしても○日まで……」という場合は、間違いなく期日はその日です。「だいたい○日までに……」という場合は、本当の期日は少しあとだと考えられます。「○日くらいには……」という場合は、期日が別にあります。

相手から後ろの2つの形で期日を設定されることが多い人は、期日に対する認識が甘くなる傾向にあります。なぜなら、指定された期日に仕上げても、それがしばらくの間棚上げにされることが多いからです。

このようなことで期日に対する認識が甘くなってしまうことを防ぐためには、依頼者に本当の期日を確認する習慣をつけることが重要です。**最悪いつまでに必要なのかを明確にしておく**のです。これによって期日がしっかりと認識できます。

期日は明確にする

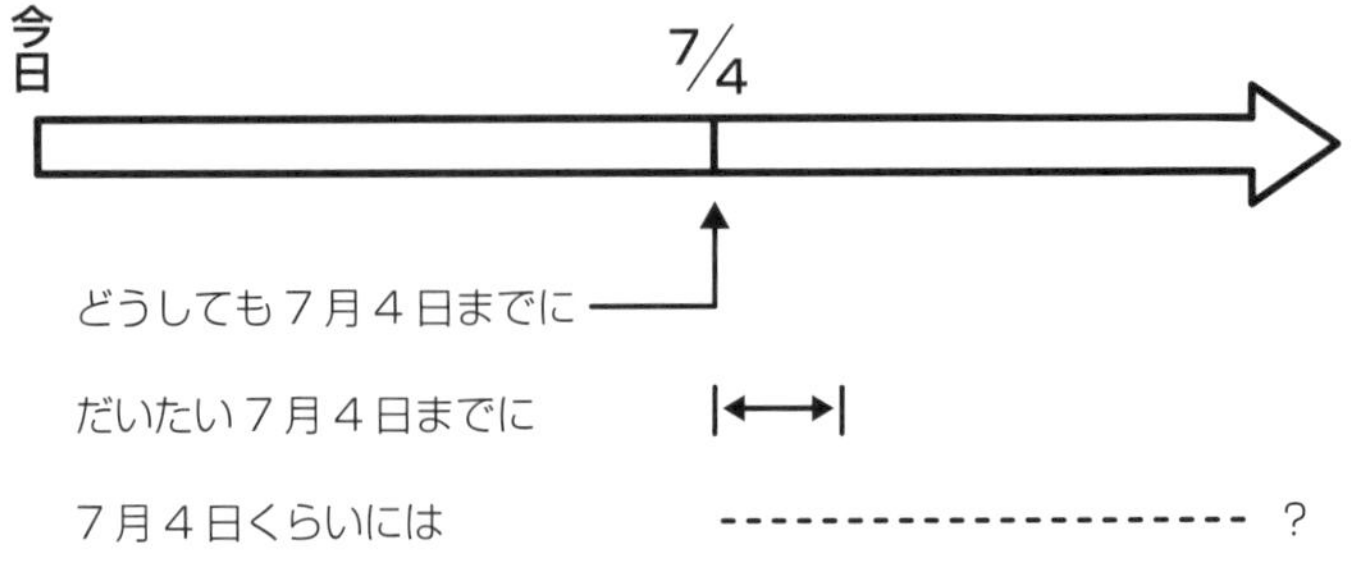

また、この最悪の期日を確認することはチームとしても効果を表します。なぜなら、このような**指示をする依頼者も、日頃から期日に対する認識が甘い**からです。ですから、あなたから「最悪いつまでに必要ですか？」と聞かれると返答に困ってしまいます。そして、改めてどのような作業が必要で、それらをどのような順序で、誰にやらせるかなど精緻な作業計画を考えなければならなくなるのです。

このように作業計画が明確になることで、チーム全体の作業の調整も可能になります。

さらに、**期日を明確にする上で厄介な仕事は、明確に誰かから依頼されたものではないが、自分でやらなければならないと考えたもの**です。

例えば「将来のために〇〇を整備しなければならない」あるいは「仕事を円滑に進めるためには〇〇のやり方を見直さなければならない」などと思っているものです。

そういったものこそ明確に期日を設定する必要があります。「できるときにやろう」では絶対に実施されません。「〇〇日までに実施して、〇〇日からはじまる仕事には適用する」と決めるのです。そして、それを**上司や他のメンバーに宣言し、確定させます。**

このように宣言しても、このような仕事は結果的にあと回しにされがちです。ただ、期日を明確にしていることで振り返るタイミングができるのです。

期日が到来しても実施されていないのであれば、「本当にその仕事はする必要があるのか」を改めて考えるのです。それでも必要であると思えるのであれば、本当にいつまでに行うのかを決めます。少しでも必要性に疑問があるようであれば、やめてしまうことも大切です。

このように日付を明確にするだけでも、十分に期日を意識することができるようになります。

納期は時間まで確認

ただ、これでもまだ甘い部分があります。それは時刻です。

例えば「7日までに提出してください」と言われて、その期日（7日）の午後10時頃にメールで提出する。そして、「7日中には提出したから間に合った！」などという場合です。

もし、あなたが受け取る側の立場だったら、これを間に合ったとは言わないはずです。では午後5時であればよかったのでしょうか。これも微妙です。業務時間が終わる直前に提出してもらっても何もできません。

このようなことが起こらないようにするためには、**何時までに提出する必要があるのかまでも確認しておく**必要があるのです。

このように期日をしっかりと認識することで、仕事に対する真剣度が変わってきます。期日を明確にして、常に緊張感を持って仕事に取り組めるようになっていきましょう。

02 「出来上がり」に対する認識が違う

指定された期日通りに成果物を提供したら、「こういうものではない！」と突っ返されたことはありませんか。

この状況についてある人は、「期日は守っている」と言います。もし、あなたがそのような認識であるとすれば大きな間違いです。

仕事とは目的を果たすために行うことです。**期日までに、期待された成果物を提供できなければ、目的は果たされていない**のです。何でもいいから成果物を作って提供することが仕事ではなく、目的を果たすことができる成果物を提供してはじめて仕事なのです。ですからこの場合、期日内には仕事が完了していないのです。

では、なぜこのように成果物に対する認識が違ってしまうのでしょうか。その原因として考えられることは3つあります。

1つ目は**相手の依頼内容を正しく聞けていない**ということです。2つ目は**作業している途中で自分の認識が変わってしまった**ことです。そして、3つ目は**相手の求めるものが変わってしまった**ことです。

最も多く発生している事象は、1つ目の「依頼内容を正しく聞けていない」ことです。これは仕事に慣れていない**新人**や**若い人**が起こしてしまうことだと思うでしょうが、実際には経験を多く積んだ**ベテラン**も起こしています。ただ、そうなってしまう原因は異なります。

仕事に慣れていない新人や若い人の場合は、単純に聞き取ることができていなかったり、依頼された内容を理解できていなかったりすることで誤りを犯します。

ですから、仕事の依頼を受けるときには必ずメモを取るようにし、話が終わったらその**メモに抜けや漏れがないかを確認**してもらいましょう。さらに、自分が理解できなかったところや不安に思うところをしっかりと教えてもらうことが大切です。「知らないと思われることが恥ずかしい」と思うかもしれませんが、質問をせずに誤った認識で成果物を作るほうが恥ずかしいことです。

経験を多く積んだベテランがこういったことを起こす原因は、依頼者の話を聞いていないのです。

依頼者の話を聞いている途中で、それまでのいろいろな経験によって勝手に「あ〜こういうことだな〜」と決めつけてしまうのです。そのように決めつけたあとは、依頼者がどのように話したとしても、**全てを自分の考えたストーリーに合わせて歪めて理解していきます。**また、相手の話が終わっていないうちに自分の中では作業スケジュールなども組み立てはじめ、すぐに着手したくてうずうずしてくるのです。

これでは期待通りの成果物が提供される見込みはありません。

このようにならないためには、依頼者の話していることを**1字1句**逃さずに記録に残すようにするのです。新人や若い人と同じことのような気がしますが、目的は全く違います。

1字1句逃さず記録に残すようにすることで、依頼者の話に集中できるようになるのです。つまり、**余計な想像や空想の世界へ移行することを抑制する**ために行います。依頼者の話をしっかりと聴く習慣を身につけることが大切なのです。

2つ目の、「作業をしている途中で自分の認識が変わってしまう」ことですが、あなたも経験がありませんか。はじめは依頼された仕事の目的に沿って作業を行っていたのに、作業を進める中で気になることが出てきてそれを解決する、するとまた気になるところが出てきてそれを解決する、そのように**脇道へどんどん逸れていき気がつくと迷走している**ということ。

ようするに仕事をしている中で目的を見失ってしまっているのです。これを回避するためには、仕事の目的を忘れてしまわないように、紙に書き出すなど**目に見えるようにします。**そして、その作業を行っている間は常に目につくようにしておくのです。

また、このように目的から逸れてしまうことは、仕事が**他の仕事に割り込まれたりして中断したときに発生しやすくなります。**何度も何度も中断して他の仕事をして戻ってくることを繰り返していると、仕事の目的が混乱していきます。

その結果、別の仕事の目的とすり替わってしまったり、単純に作業をこなすだけのものになってしまったりするのです。このような現象を防ぐためには、仕事の中断をできるだけ起こさないようにし、一気に作業をするようにしましょう。

３つ目の、依頼者の求めるものが変わる。これは自分の問題ではなく依頼者側の問題です。ただ、物事の変化が激しい現代において依頼者の置かれている環境も時々刻々と変わっていますから、いたしかたないことだとも言えます。しかし、仕事を受けている側からすれば困ってしまいます。

そこで、そのような変化をいち早くキャッチし、手戻りを最小限に抑えるためには、仕事が完了してから提供するのではなく、**途中過程でこまめに確認する**ようにします。特に、依頼されてから提供するまでの期間が数週間から１カ月近くあるような仕事の場合は、必ず途中で確認を入れるべきです。

また、この確認は無計画に行うのではなく、**依頼を受けたときにいつ頃に何をどのように確認するかをあらかじめ決めておきます。**こういった確認作業ははじめに決めておかないと、結局行われなくなってしまいます。

依頼を受けたときに、依頼内容をしっかりと聞き、作業を進める中で目的を常に意識しながら、途中過程で内容のすり合わせをして、依頼者の求める成果物を提供できるようにしていきましょう。

03 作業に抜け・漏れがある

依頼された仕事が「何とか終わった」と思い、成果物を確認していると「あっ！」と必要なものが足りないということに気がつき、慌ててそのものを作り足します。行わなければならない作業や作らなければならない資料に抜けや漏れがあるのです。

一度終わったと思った仕事をまた行わなければならないのですから、非常に慌てますし、疲れも増します。

このような事態になってしまうのは、**作業をはじめる前にやらなければならないことを洗い出していない**からです。洗い出していないのですから、抜けや漏れが発生して当然なのです。

そして、それをあとから補うために、すでに作成した成果物を修正したり、作業自体をやり直したりする必要が出てきます。その結果、期日に間に合わなくなってしまうのです。

では、どのようにして作業項目を明確にしていけばいいのでしょう。これにはいくつかの方法があります。

まず、**仕事の内容をいくつかの大きな工程に分けます。**そして、次に**それぞれの工程の中で行うべき作業を洗い出していく**のです。

例えば、ＤＭを発送するという仕事では、

①送付先リストを作る
②ラベルを印刷する
③送り状を作成する
④資料を封入する
⑤投函する

という大きな工程に分けます。そして、④資料を封入するを、

A 各送付資料を必要枚数揃える
B 資料を送付セットにする
C 各セットの資料の過不足を確認する
D 各セットを封筒に入る大きさに折る
E 封筒にラベルを貼る
F 封筒の宛名を確認しながらセットを入れる
G 封筒の宛先と資料の宛名を確認して封をする

という作業に分けていくのです。

このような作業項目の洗い出しの方法は物理的なものを扱い、そして、目に見えてそのものの状態が変化するような場合に向いています。

また、別の方法としては、仕事の中で作られる**成果物に着目して作業項目を明確にしていく**

作業項目を洗い出す ①

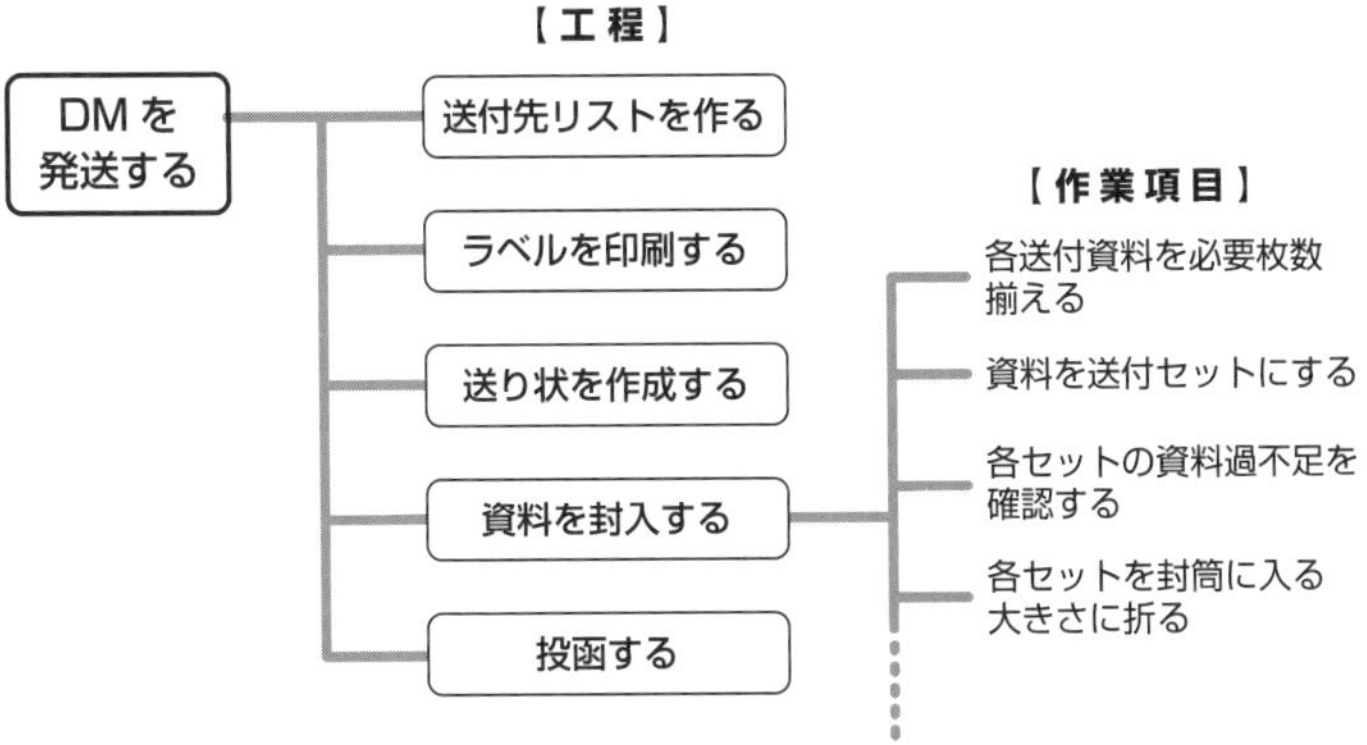

方法です。

最終的に作り出される**成果物がどのようなものであるかを確認**します。そして、その成**果物をいくつかに分解**します。

例えば、提案書などであれば〝目次〟〝概要（要約）〟〝現状〟〝問題点〟〝課題〟〝施策〟〝効果〟〝費用〟などとなります。

次に、その成果物を作成するにあたってどのような**中間生成物があるかを考えます。**例えば、〝調査資料〟〝施策案〟〝費用積算表〟などです。

そして、これらの中間生成物と最終成果物の各部品がどのように関係しているのかを考え、**作成される順番に並べる**ことで作業項目の洗い出しと、作業手順が明確になるのです。

ただし、この方法では内容の確認や検査という作業が抜けてしまう可能性がありますから注意してください。

この方法は、明確な成果物を作り上げるような仕事に向いています。

もう1つの方法は、**扱う物や場所、相手が変わるところで作業を区切っていく**というものです。

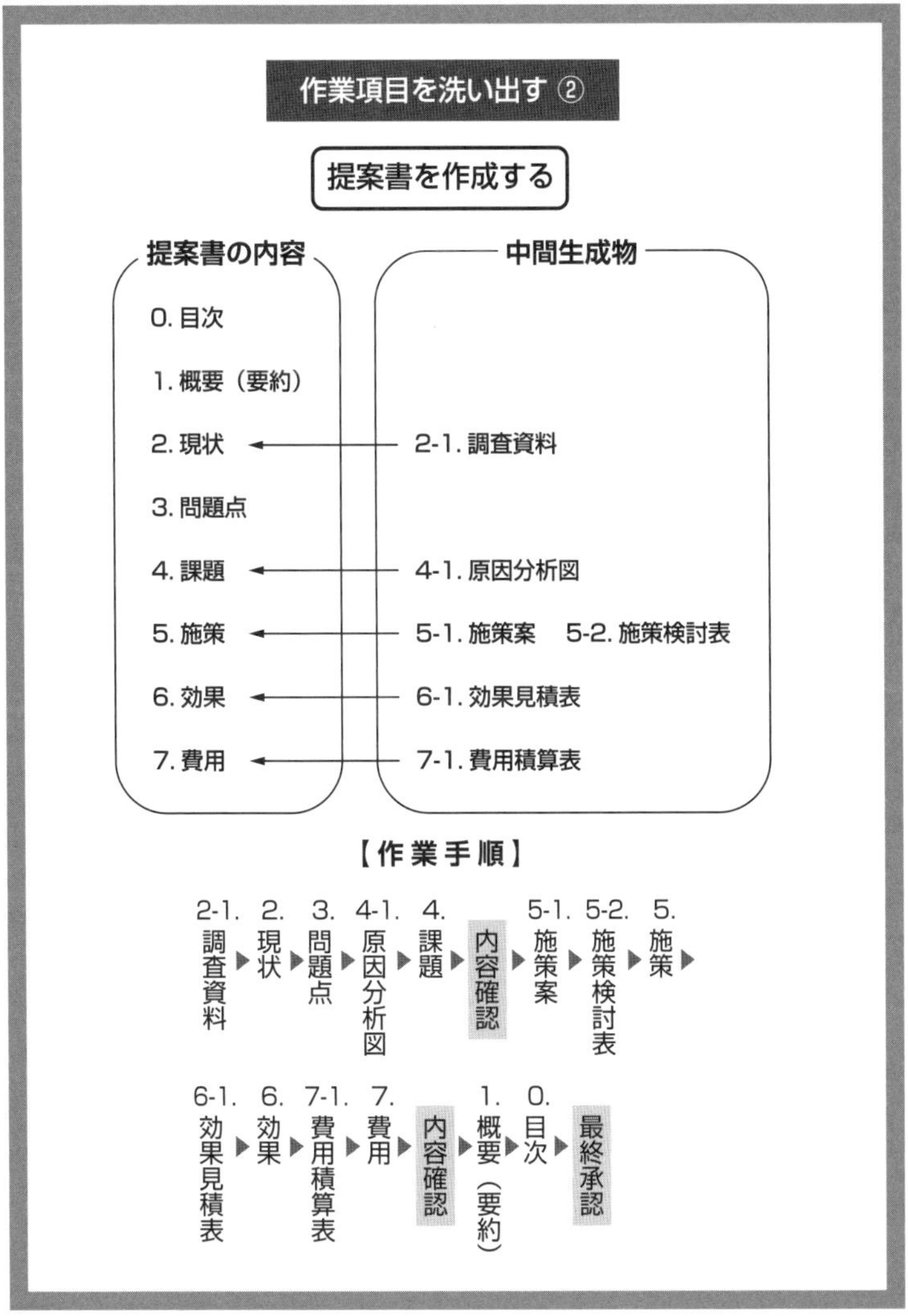
作業項目を洗い出す ②
提案書を作成する
提案書の内容
0. 目次
1. 概要（要約）
2. 現状
3. 問題点
4. 課題
5. 施策
6. 効果
7. 費用
中間生成物
2-1. 調査資料
4-1. 原因分析図
5-1. 施策案
5-2. 施策検討表
6-1. 効果見積表
7-1. 費用積算表
【作業手順】
2-1. 調査資料
2. 現状
3. 問題点
4-1. 原因分析図
4. 課題
内容確認
5-1. 施策案
5-2. 施策検討表
5. 施策
6-1. 効果見積表
6. 効果
7-1. 費用積算表
7. 費用
内容確認
1. 概要（要約）
0. 目次
最終承認

例えば、製造現場であれば、ある機械で加工し別の機械に移るときや、ドライバーを使ってある部品をつけたあと次の部品をつける作業に移るときなどで作業を区切ります。洋服店などではフロアーでお客に説明しているところからキャッシャーの前に移動するとき、商品を包装して準備する作業から代金を受け取る作業に変わるときなどに作業を区切ったりするのです。

この方法はサービス提供など、流れで行う仕事に向いています。

これら以外にも仕事の中で行うべき作業を明確にしていく方法はあると思います。とにかく仕事の中で行わなければならないことを事前に明確にしてからはじめることで、抜けや漏れがなくなり、手戻りややり直しによる遅れを防ぐことができるのです。

04 作業の状況を把握していない

作業項目を洗い出し、抜けや漏れがなくなっても仕事が遅れてしまうことがあります。それは、洗い出した作業がどのように進んでいるかを把握していないためです。

このような事態を防ぐためには、まず洗い出した**作業項目を目に見えるようにします。**もっとも簡単な方法としては**作業項目を紙に書き出す**のです。それも実施する順番で書き出すとよりいいでしょう。そして、作業が終わったらその項目を横線で消していきます。くれぐれも消しゴムなどで消してしまわないでください。綺麗に消してしまうと作業が終わったのか、抜けていたのかがあとから分からなくなってしまいます。

また、**項目は基本的に1枚の紙へ書き出す**ようにしてください。そうすることで、あとどれだけの作業が存在するのかが一目で分かるようになり、常に意識することができるようになります。

これだけでも十分に作業の状況が把握できるようになり、ずるずると遅れることを抑制できます。


さらに効果を高めるためには、**各作業の完了時刻を設定する**のです。

そのためには、それぞれの作業でどれだけの時間をかけるかを明確にしなければなりません。その際は、「各作業でどれだけの時間が必要になるか」というように内容から作業時間を見積もらないでください。その**仕事で使用できる時間がどれだけで、その中から各作業にどれだけの時間を割り振るか**というように決めていくのです。


なぜ、作業時間を見積もるのではなく、時間を割り振るのかと言うと、基本的に私たちが使うことのできる時間には限りがあるからです。内容から作業時間を見積もり、それを積み上げると、ほとんどの場合は膨大な時間が必要という結果になります。そして、とてもその仕事が期日までに終わらせられないということになるのです。

それに対して、その仕事で使用できる時間から各作業へ割り振った場合は、まず限られた時間をどのように使っていくかということに目が行きます。ですからどの作業に十分な時間を使い、どの作業を軽くすませるかというようなメリハリのついたものになるのです。

また、あまり時間を割り振ることができなかった作業は、今までの作業のやり方では時間内に終わらせることができないということも分かります。そのような場合には、仕事のやり方を見直していくのです。

このようにして、各作業へ割り振る時間が決まったら、今度はそれぞれの作業がいつまでに終わらなければならないか

作業時間の割り振り

ひとつの仕事を分割したら作業A、作業B、作業C、作業D、作業Eの５つなった場合

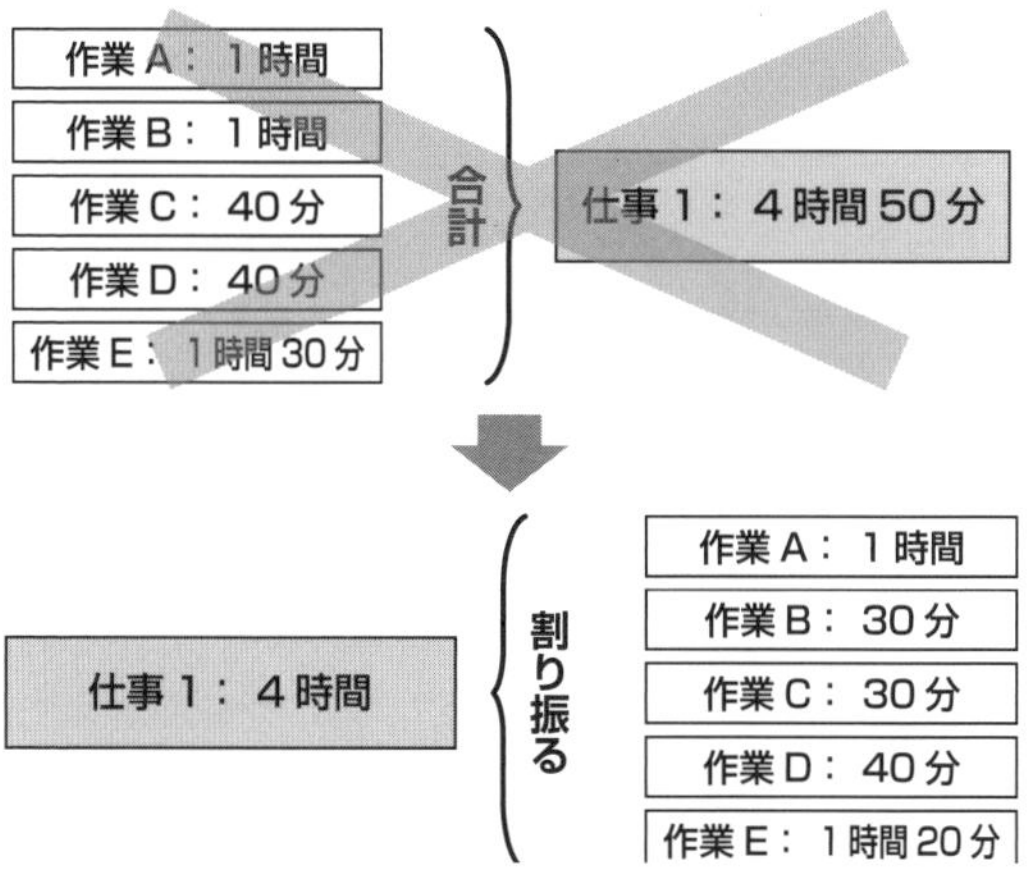

を考えます。基本的に**仕事の期日（締切時刻）から逆算して、各作業の終了時刻を設定していく**のです。その際、他に行わなければならない仕事などがあれば、その時間も考慮して設定していきます。

　そして、設定した時刻を作業項目の横に書き込んでおきます。

　あとは、実際に作業を進めていって作業が終わるたびに消し込んでいきます。この際にも注意してもらいたいことは、**必ず1つの作業が終わるたびに消し込みを行う**ということです。面倒だからあとでまとめて消し込むということは行わないでください。

　単純に作業が終わっているかどうかを確認する

作業の消し込みを行う

ためだけであれば、まとめて消し込んでもいいのですが、今回の消し込みはそれだけが目的ではありません。時刻を意識することが重要なのです。

毎回、消し込みを行い、そのときに**設定された終了時刻と現在の時刻を比較することで、作業が終わるたびに進んでいるのか、遅れているのかが認識できるようになる**のです。

進んでいるのであれば問題はないのですが、遅れているようであればこのまま進めていくと全体が間に合わなくなってしまいます。ですから重要度の低い作業を簡略化したり、やめてしまったりすることや、ボリュームの大きい作業のやり方を見直すことなどの対策をとらなければならないことが認識できるのです。

仕事を遅れることなく終わらせるためには、いち早く遅れを見つけ、その状況に柔軟に対応できるようになることが重要です。

05 自分の能力を把握していない

成果物を期日に間に合わすことができない理由として、自分の能力を把握していないことがあります。特に期日が短い仕事を依頼された場合、この自分の能力を把握していないことによって遅れてしまうことが多いのです。

ところで自分の能力と言うと、具体的にどのようなものを思い浮かべますか。

何かについての〝知識〟や〝技術〟、〝技能〟、〝ノウハウ〟というスキルを想像されませんでしたか。確かにこれも能力ですし、これらを持っていない状態で仕事に取りかかれば、いろいろなことを調べたり確認したりする必要があるために、多くの時間がかかってしまいます。

しかし、自分がそのスキルを身につけているかどうかを把握していないということは、あまりないのではないでしょうか。「自分はこの分野の知識はない」「今までに一度もやったことがない仕事だ」などは、はじめに判断できるはずです。

ただ、着手する前には思いもしなかったような知識が、あとになって必要であることが分かるということはあります。しかし、それは自分の能力を認識していなかったのではなく、仕事の内容を把握していなかったということです。

ここで言いたい能力は〝処理能力（パフォーマンス）〟です。もう少し簡単に言うと、自分はある一定の時間でその作業をどれだけ処理することができるかということです。

そして、この**自分の処理能力を把握していないために、仕事を依頼されたときに「これなら3時間くらいでできるな」などと過少に見積もって引き受けてしまう**のです。このような人は、一度これで痛い目に遭っても、次回も同じように作業時間を過少に見積もり、遅れを発生させることになります。

では、このような遅れを発生させないために、自分の処理能力を正しく把握するには何をすればいいのでしょう。

それには、まず**現在行っていることを自分自身が正しく認識する**ことです。

やり方は簡単です。

仕事を依頼されたときに**仕事の名前と簡単な内容を書き出し、その横にどれくらいの時間でできると思っているか（見積り時間）を書き込んでおく**のです。そして、**仕事が終わったときに実際にどれだけの時間を使ったか（実績時間）を書き込んでみます。**そして、その2つの時間を見比べてみると自分が適切に能力を把握できているのか、過小に評価しているのか、過大に評価しているのかが分かります。

ちなみに、作業の種類ごとに自

自分の能力を把握する

出張精算書作成
30分 → 60分

○○報告書作成
2時間 → 3時間

×× 報告書作成
1時間 → 1.5時間

→ 過少評価 傾向

×× 設計
3時間 → 2.5時間

△△画面設計
2時間 → 1.5時間

→ 過大評価 傾向

分が適切に把握できているもの、過少に評価する傾向のあるもの、過大に評価する傾向のあるものに分類できます。

例えば、あるレポートを作成する時間の見積もりが2時間で、実際の作業時間が1・5倍の3時間かかったとすると、同様のレポートを作成する時間もだいたい見積もりの1・5倍になるのです。

このように自分の各作業に対する見積もりの傾向がつかめれば、処理能力が自分自身の認識よりもどれくらい低い／高いということを把握することができるのです。

そして、それを把握していれば、仕事を依頼された際に自分が見積もった時間を補正することができるようになります。

ただし、人間の処理能力は日々成長していきます。また、時間の見積もりの精度も変わっていきます。ですから、この傾向の確認は一度やって終わりではなく、都度見直していくようにするといいでしょう。

06 作業間の連携が悪い

1つの仕事はいくつもの作業からできています。そして、その作業の全てをひとりで行うこともあれば、他の人に依頼したり、別の仕事のために行われている作業と組み合わせたりすることもあります。また、1つ1つの作業を順次行うこともあれば、並行して行うこともあります。

このように**仕事はいろいろな作業によってできあがっているので、1つの作業が遅れれば全体が遅れる**ことにつながっていきます。特に、他の人に依頼した作業や別の仕事と組み合わせて行う作業については、自分自身でコントロールしきれない要素があるために多くの問題が発生してきます。

例えば、作業を依頼した人が他の仕事で発生したトラブルのために時間を取られてしま

い予定していた期日に作業が完了しないということが起こったり、組み合わせて行う予定の仕事の進捗が大幅に遅れたために作業に着手できないということが起こったりします。また、作業が完了して出てきた成果物が、想定していたものと違うということもあります。

これらは作業間の連携が悪いことによって発生してしまいます。作業のタイミングが合わなかったり、受け渡しの仕方や内容が明確になっていなかったりするのです。そして、その結果として不必要な待ち時間が発生したり、修正ややり直し、追加作業が発生したりして遅れていくのです。

このようなことを発生させないためには**各作業間の関連を明確にし、各作業がどのような状況であるかがお互いに把握できるようにしていく**ことが必要です。

まず、**その仕事においてどのような作業を行わなければならないかを具体的に洗い出します。**洗い出しは、先の項（03項）で紹介した方法などで行います。

例えば、〝社内の書類の検索システムを開発する〟という仕事で考えてみましょう。

この仕事は、どのようなことができるモノにするかという〝要件定義〟、どのような機能を持たせるかという〝基本設計〟、画面をどうするかという〝画面設計〟、データをどのように持つかという〝データ設計〟、具体的にどのように処理をさせるかという〝内部設計〟、実際にプログラムを作る〝プログラミング〟、どのように動作を検証するかを決めた〝動作試験設計〟、実際に正常に動作するかどうかを確認する〝動作試験〟などの作業があります。

作業が洗い出せたら、**それぞれの作業で作り出されるもの（成果物）と、その作業を行うために必要なもの（投入物）を明確にします。**

〝要件定義〟であれば成果物は「要件定義書」で、投入物は「利用者の意見や書類の種類、システムの動作環境などの情報」です。

〝基本設計〟であれば成果物は「基本設計書」で、投入物は「要件定義書」です。

〝動作試験〟であれば成果物は「動作確認済みプログラム」で、投入物は「プログラム」と「要件定義書」、「動作試験仕様書」、「動作確認用データ」などです。

このように作業の成果物と投入物を明確にすることで、作業間の受け渡しでの問題を防ぐことができます。

それらが明確になったら、**それぞれの成果物と投入物をつないでいきます。**1つの作業の成果物が多くの作業の投入物になっていることもありますし、多くの作業の成果物が1つの作業の投入物になっていることもあります。

また、他の作業とつながらない投入物も見つかります。それらの投入物は、**どこからどのように入手するものなのかを明確にしていきます。**

例えば、〝動作試験〟の「動作確認用データ」は、〝自分たちで作成するのではなく、システムの導入準備をしている人たちから入手する〟というように明確にするのです。

作業の順序と入手するべきものが明確になったら、それらの**作業を実際にいつまでに、誰が行うのかを明確にしていきます。**

自分も含めて各作業者がそれぞれの作業をどのようなスケジュールで行う予定であるかを明確にします。スケジュールができたら、その内容をお互いに共有しておくのです。

そして、**作業を進めていく中で常にお互いにどのような状況であるか、何か問題が発生していないかなどを日々確認し合うようにしていきます。**もし、何か問題が発生しているようであれば、可能な限り一緒になって解決をしていきます。

このように作業のつながりを明確にし、それぞれの実施スケジュールを共有してタイミングを合わせ、お互いに協力し合っていくことで、他の仕事の影響を受けてズルズルと期日に間に合わなくなってしまうことを防いでいくことができるようになるのです。

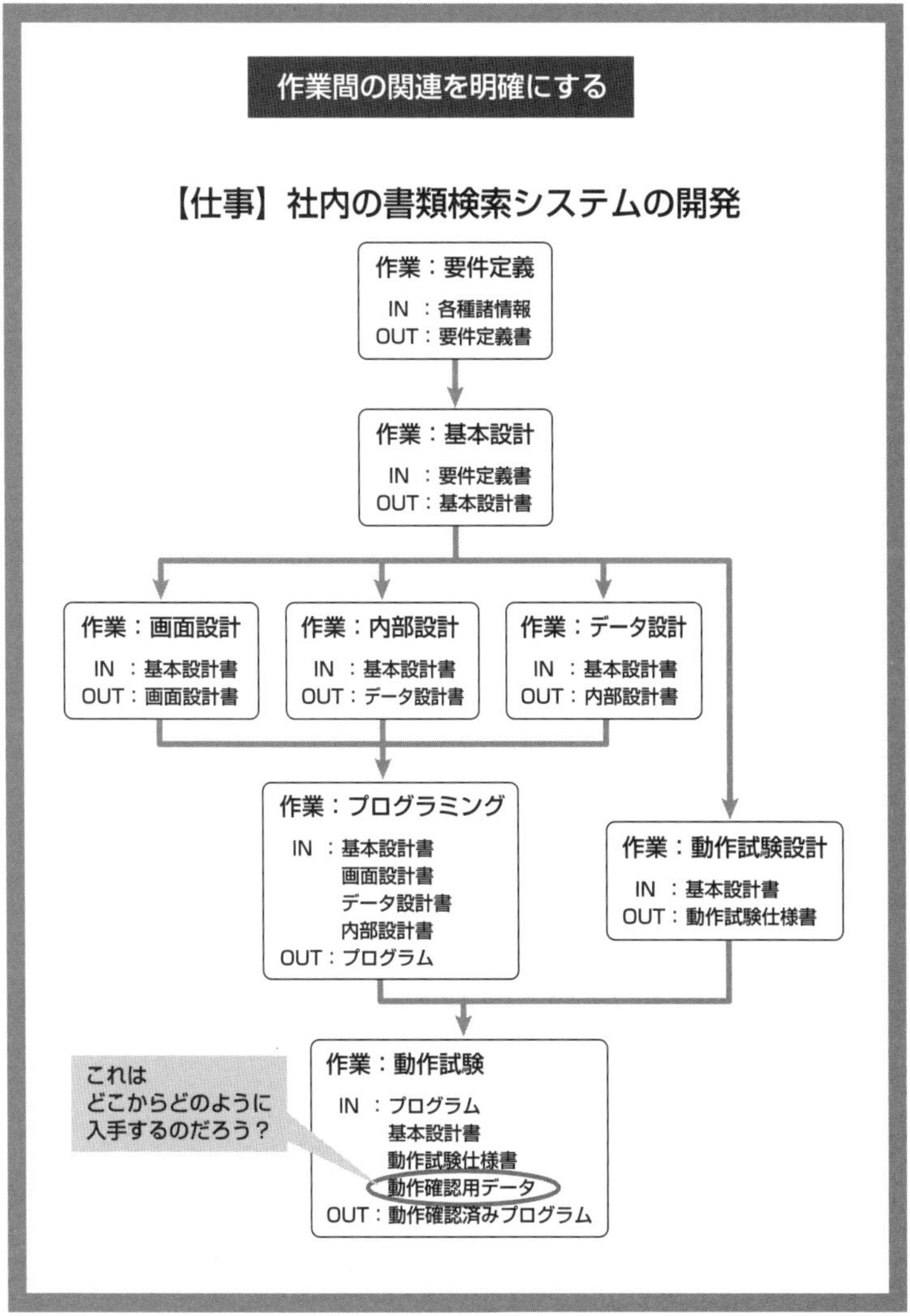
作業間の関連を明確にする
【仕事】社内の書類検索システムの開発
作業：要件定義
IN ：各種諸情報
OUT：要件定義書
作業：基本設計
IN ：要件定義書
OUT：基本設計書
作業：画面設計
IN ：基本設計書
OUT：画面設計書
作業：内部設計
IN ：基本設計書
OUT：データ設計書
作業：データ設計
IN ：基本設計書
OUT：内部設計書
作業：プログラミング
IN ：基本設計書
画面設計書
データ設計書
内部設計書
OUT：プログラム
作業：動作試験設計
IN ：基本設計書
OUT：動作試験仕様書
作業：動作試験
IN ：プログラム
基本設計書
動作試験仕様書
動作確認用データ
OUT：動作確認済みプログラム
これは
どこからどのように
入手するのだろう？

07 外部からの提供が遅れる

自分は予定通りに仕事を進めているにもかかわらず、依頼者や協力会社などから提供される資料などが予定通りにもらえず、期日に間に合わなくなる。どう考えても自分の責任ではないにもかかわらず、結果的に上司に叱られるのは自分であり、割に合わない。あなたはこのような経験をしたことがありませんか。

しかし、「資料の提供が遅れたのだからしょうがない」「自分の責任ではない」などと言っても期日に間に合わないという事実は何も変わりません。

確かに、自分の知らないところで作業が遅れ、その煽《あお》りをくらって自分の仕事も遅れただけであり不可抗力です。しかし、本当に自分には何もできなかったのでしょうか。このようなことが発生してしまうことを想定しておくことはできたのではないでしょうか。

依頼者や協力会社など外部から提供されるものに関しては、私たちがコントロールできる範囲は極めて少ないです。ただ、何もしなければ相手の都合に振り回されるようになります。

ですから、**事前に提供日時を明確に確認したり、自分が入手したい時期の数日前に作業状況を確認したりするなどして、相手を牽制しておくこと**が大切です。

また、**提供が遅れた場合に、作業の内容や順序などをどのように変えれば影響を最小限に抑えることができるかも考えておく**ことも必要です。

例えば、ある仕事が作業A、B、C、D、Eという5つの作業からできていたとします。作業B、C、Dは作業Aの成果物を使って行う作業です。作業E

外部の影響を受けるものはできるだけ早めにやる

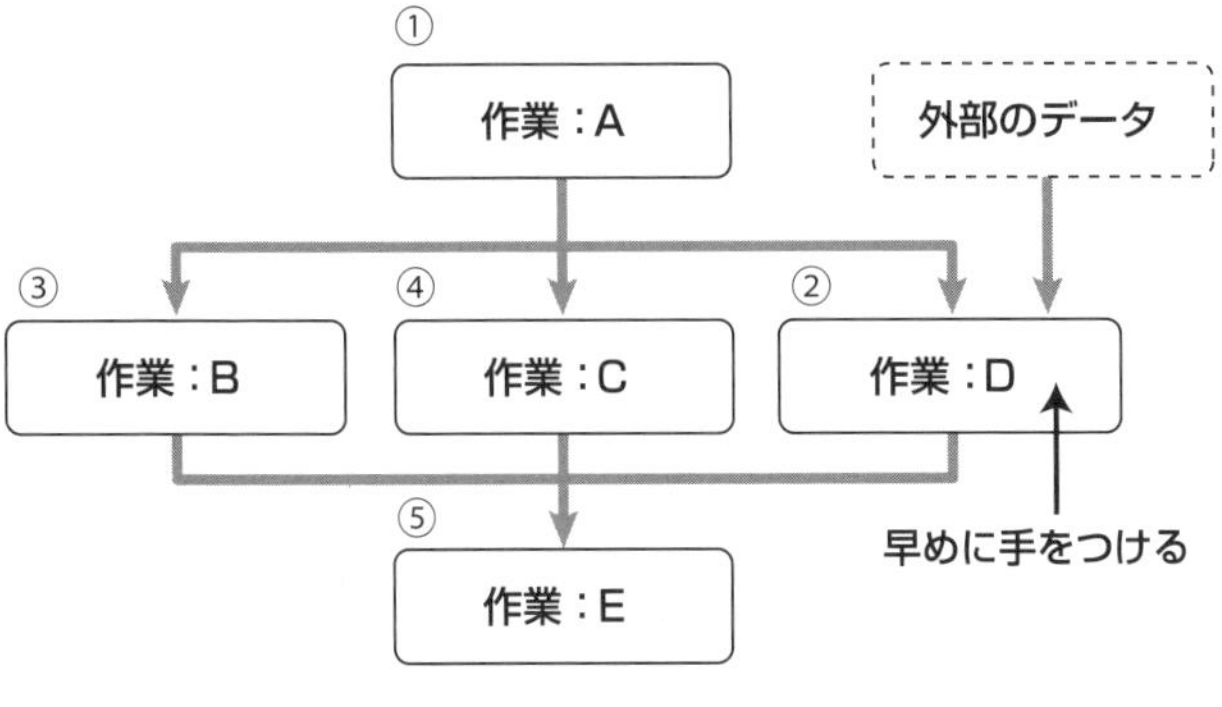

は作業B、C、Dの成果物を使って行う作業です。また、作業Dは外部から入手するデータも使います。

このような場合には、作業Aを行った後で作業Dを行います。そして、作業B、Cを行い、最後に作業Eを行うようなスケジュールを組みます。そして、このスケジュールを元に作業Dで必要なデータの提供時期を提供先と調整していきます。

このように他の影響を受ける可能性のある作業（作業D）をできるだけ早い時期に行うようにしておくことで、万が一データの提供が遅れた場合でも他の作業（作業B、C）を先に行えるようにすることで、全体に影響を与えずに対応することができるようになります。

現在、どのようなものを外部に依頼しており、それがいつ、どのように提供される予定になっているのか、それが遅れると自分の仕事にどのような影響が現れるかということを意識しましょう。その上で、それらが起こらないように手配をすることや、作業を組み替えられるようにしておくことで、外部の影響によって遅れてしまうことを防いでいきます。

08 トラブルが発生する

「なぜ、今そんなことが起こるの！」というタイミングで、トラブルは発生します。

期日に、提出するために成果物を印刷しようとするとパソコンやプリンターが故障する。作業が順調に進んでいて、期日までに問題なく完了できそうだと思ったときに、大きな問題が表面化する。例をあげればきりがありませんし、不運としか言いようがありません。

しかし、これを運が悪かったと言って終わらせてしまっては進歩がありません。今後もこのようなトラブルに見舞われ続けることになるだけです。

では、どのようにすればいいのかと言うと、**日々身の回りのものをしっかりとケアしておく**のです。

パソコンやプリンターなどの機械や装置が肝心なときに故障するというのは、取りも直

さず日頃の扱い方に問題があるのです。パソコンを机に置くときにガタン！と衝撃を与えていたり、空気の吹き出し口の前に書類やものを置いていたり、ホコリで詰まっていたり、電源のケーブルを束ねたまま使っていたりと機械にとっては過酷な環境で使用されていることがあります。このようなことが続くと突然動かなくなったりします。

多くの場合は、その兆候としてハードディスクが動くときに微かな異音がしたり、ファンが長い間動き続けたり、パソコンが熱くなったりします。このような兆候を見逃さずに**適切にメンテナンスすることで急に使えなくなることを避ける**ことができます。

また、コピー機なども、基本的に取扱説明書に従って正しく使うようにします。特に用紙などはよく確認して使用しましょう。用紙の厚さやコーティングの有無、裏紙などによってセットする場所が限定されていることがあります。

インクやトナーなどのストックは必ず1つ用意しておき、定期的なクリーニングも欠かさず行っていくのです。そして、少しでも紙が詰まったり、ずれたりするようなことがあれば必ずメーカーに見てもらうようにします。そうすることで、肝心なときに使えなくなる可能性はかなり少なくなります。

作業がある程度進んだところで、大きな問題が表面化するというのは、基本的に先の見通しが甘いことが原因です。前項と同様にまず行わなければならない作業を明確にし、それぞれの作業で必要なもの（有形／無形）を明確にしておくのです。そうすることで多くのことを回避することができます。

作業を明確にして、必要なものを洗い出していくと、具体的な作業のやり方を考えることになります。それらを考える中で問題になりそうなこと、注意しなければならないことが明確になるわけです。それらが明確になっていれば、あとから大きな問題が表面化することはなくなるはずです。

このように日々、身の回りのことに対してケアをしていくことで、突発的なトラブルを最小限に抑えることができるようになります。

09 判断が遅い

「判断が遅い」とはどのようなことかと言うと、**すでにどうしようもなくなっているにもかかわらず諦めることをせず、あれやこれやと悪あがきを繰り返し、結果的に全てをダメにしてしまう**ことです。

責任感の強い人がよくこのようなことになってしまいます。

「自分の能力からして、十分に可能だろう」といろいろな仕事を引き受け、その1つに大きなトラブルが発生するのです。このトラブルによって立ち行かなくなっているにもかかわらず、何とかやりきらねばと孤軍奮闘してしまうのです。その結果、全ての仕事が破綻していきます。

もっと早い段階で見切りをつけて自分でできるものとできないものを切り分け、できないものを他の人に依頼するなどしていれば、何とかなったかもしれないのです。

こうなってしまいがちな人は、いくら「何かあったら言ってください」と言われたとしても、「まずは自分でできるところまで何とかしなければ！」という思いが強いために、**どうしようもなくなるまで抱え込んでしまいます。**

このような状況を打開するためには、**自分が抱えている仕事とその作業状況を物理的に目で認識できるようにする**ことが効果的です。

まず、自分が抱えている仕事を全て洗い出して書き出します。そして、それぞれの仕事を行うのにどれだけの時間が必要になるか見積もります。次に、それぞれの仕事をカレンダー上のどこで行うかを明確にしていきます。カレンダーに仕事を直接書いてもいいですし、仕事を付箋紙などに書いて貼りつけてもいいです。その際、必要な時間も一緒に書いておいてください。そして、仕事が終わる度に消し込んだり、剥がしたりしていきます。また、何らかの事情で仕事がずれ込んだ場合は、書き換えや貼り換えを行います。

こうすることで、今自分がどれだけの仕事を抱えているかを正しく認識できるようになります。そして、頑張れば何とかなるだろうという、甘い考えを捨てることができるのです。

また、このように仕事を物理的に目で認識できるようになると、他の人からもどのような仕事の状況なのかが分かるようになります。実は、これがとても重要なのです。

仕事を目に見えるようにしても、他の人に見せないとだんだん面倒になってしまいやめてしまいます。しかし、他の人にも見えるようになっていると、ちゃんとやらなければという牽制が働きます。

また、**他の人もその人の仕事の状況が一目で分かるため、仕事を抱え込んでどうしようもなくなっていることを認識することができる**のです。そのようなことに気がついてもらえたら、協力してもらい、解決していくことができます。

どうしても、自分から「助けてください」とは言いにくいものです。仕事の状況を他者と共有することで、判断を促してもらう／あげることが重要です。

仕事を見える化する

月 火 水 木 金 土/日
1 2 3 4
5 6 7 8 9 10
11 12 13 14 15 16
○△資料の制作
期日:8月13日
作業時間:4時間
8/9までに××を作成してくれないか?
8/9までは忙しくて無理です

第2章

待ち合わせ・アポイントに遅れる

待ち合わせやアポイントの時間などに遅れてしまう。誰もが少なからず経験のあることだと思います。「はじめに」でも書きましたが、学生時代の私は、待ち合わせの時間に遅れる常習犯でした。友人と待ち合わせをしても必ず30分ほど遅れていました。さすがに業を煮やした友人は、私に本来の集合時間よりも30分も早い時間を伝えてくるようになりました。そして、私がそのことに気がついたのは、それからずいぶん経ったときでした。

ある日、私は珍しく言われた通りの時間に行ったのです。すると待ち合わせの時間になっても誰もきません。おかしいなと思いながらも待つこと30分、ようやく現れた友人は私を見てすごく驚いたのです。自分が30分待たされてみて、はじめて「今までみんなに悪いことをした……」と思いました。

あなたはどうですか。待ち合わせの時間に遅れていませんか。

待ち合わせやアポイントの時間に遅れてしまう理由はたくさんあります。約束自体を忘れていたり、目の前の作業に夢中になって時間を忘れてしまったり、たどり着くための行程でトラブルが発生したり、出かけるときになっていろいろなことが発生したりとさまざまです。これらのいろいろな原因を回避する方法をこれから見ていきたいと思います。

01 約束を忘れている

待ち合わせやアポイントの時間に遅れてしまう原因として多いものの1つが、約束自体を忘れているというものです。約束そのものを忘れていることもあれば、訪問する時間を忘れたり、間違えていたりすることもあります。

そして、多くの場合は間に合わなくなった頃に思い出すのです。約束の時間の直前にふと「今日、何か約束があった気が……しまった！」となるのです。

あなたもこのような経験はありませんか。

このように**約束などを忘れてしまい問題を発生させるのは、記憶に頼っているから**です。

私も以前は記憶に頼って仕事をしていました。打ち合わせやアポイントの日時など大切なことは、基本的に覚えているから大丈夫だと思っていたのです。

ただ、全くメモなどを取らなかったわけではありません。一応、**スケジュール帳に記入はしますが、ほとんど見ることはありません**でした。

しかし、年月が過ぎ打ち合わせやクライアントとのアポイントも増えてきたあるとき、「今日、10時から打ち合わせの予定ではなかったでしょうか?」という電話がクライアントからかかってきたのです。慌ててスケジュール帳を確認すると、確かに訪問の予定は書き込まれているのです。完全に忘れていました。私は電話で謝罪し、急いでクライアント先に向かいました。

記憶に頼ってしまっていたために、スケジュール帳などの**ツールを有効に活用できていなかった**のです。

人は人生の中でいろいろな情報や知識、技術を記憶していきます。そして、それを必要に応じて引き出して活用しています。しかし、これまでの人生で知ったことや体験したことを全て記憶し、確実に活用できるわけではありません。自分が重要だと思ったことが必ずしも記憶されるわけでもないようです。また、どうでもいいときには思い出すのに、肝心なときには思い出せないということもあります。

そもそも**記憶とはあいまいなもの**です。そして、そのあいまいなものに頼って仕事をすることは非常に危険です。ですから、約束などを忘れてしまわないためには、記憶に頼らないことが大切なのです。

では、記憶に頼らないためにはどうすればいいのでしょう。

それは、そもそも〝覚えない〟ことです。覚えるから記憶に頼ろうとしてしまうのです。はじめから覚えていなければ記憶に頼ることはできないのです。**「忘れないためには覚えない」**ことがポイントです。

「覚えていないと困ってしまう」と思うかもしれません。確かに、何も残さず、覚えることもしなければ、大変なことになります。しかし、スケジュール帳などにきちんと書き込んでおけば、覚える必要はありません。と言うよりスケジュール帳などに書いた内容は、その場で忘れてしまうくらいのほうがいいのです。

覚えていないのですから、常にスケジュール帳を頼り、意識するようになります。新しい約束をすればすぐに書き込むようになりますし、1日の予定を毎日確認するようになります。

少しでも記憶に頼ってしまうと、スケジュール帳への記入漏れが発生したり、確認しなくても分かっているという気持ちが起きたりして機能しなくなります。

このようなことにならないように、約束などを覚えることをやめてスケジュール帳に頼ることで、待ち合わせやアポイントなどの約束を忘れないようにしましょう。

とは言ってもはじめのうちは、どうしても記憶に頼ってしまいます。ですから、まずはスケジュール帳を**見る習慣をつける**ことが大切です。

毎日、朝出社したとき、昼の休憩が終わったとき、夕方に必ずスケジュール帳を確認するようにするのです。そのときに午前の予定、午後の予定、明日の予定を確認するようにします。これを面倒に思ったとしても毎日繰り返していきます。すると2～3カ月もすれば習慣になります。そして、それと共に予定を覚えようとすることがなくなっていくはずです。

ただ、こうなるとスケジュール帳は、自分にとって非常に大切なもの（なくてはならないもの）になります。失くしたり、持ってくることを忘れたりしないように注意しましょう。

スケジュール帳を見る習慣を身につける

02 時間を忘れる

前項のように約束自体を忘れているわけではなく、「何時には出かけなければならない！」としっかり認識しているにもかかわらず、時間が経っていることを忘れ、遅れてしまうこともあります。

時間が経っていることを忘れてしまう、原因は大きく分けて2つあります。

1つは、**作業がとても順調に進み、集中してしまう**ことです。

資料の作成やプログラムの作成、依頼事項の調査などが順調に進んでいるときには本当にその作業に集中してしまい、時が経つことを忘れてしまいます。この状態は仕事をする上では非常に望ましい状況ですから、「集中しすぎないように気をつけましょう」と言うのも気が引けます。ただ、だからといって遅れてしまうことを正当化できるわけではあり

ません。

このような状況に対応するためには、**携帯電話などのアラームをセット**しておきます。「なんだ！ そんなことか！」と思われたかもしれません。そうです。それだけのことです。

しかし、実際に作業をするときにアラームをセットする人はほとんどいません。確実な効果も期待でき、誰もが思いつき、それほど面倒なことでもないのに、ほとんどやられていないのです。ですからやる価値はあります。

アラームをセットする時刻は、出かけなければならない時刻を基準に考えるのではなく、作業を終わらせるつもりの時刻の5分前にします。作業を出発の10分前に終わらせて、いろいろ準備をしてから出かけるつもりであれば。15分前にセットすることになります。

また、このアラームのセットは約束のあるときだけではなく、全ての作業に対して行うとより効果的です。そうすることで**時間に対する感覚が鋭くなっていき、自然に仕事のやり方も変わってくる**のです。

常に時間を意識することで、より効果的に仕事を行えるようになっていくのです。

時間を忘れてしまう原因のもう1つは、**隙間の時間を有効に使おうとしてしまう**ことです。

出かけるまでにまだ時間があるとき、その間で片づけられそうだと思える作業に着手してしまうのです。そして、その作業に思っていたより時間がかかってしまい、抜け出せなくなるのです。

作業をはじめる前までは、しっかりと約束の時間を意識していたのですが、**新しいことをはじめたことによって忘れてしまう**のです。

例えば、「待ち合わせは○○時だから出かけるまでにまだ30分は時間があるな〜。メールがたまっているから少し確認しておこう」などと考えメールの確認をはじめます。すると、そのメールの中から対応しなければならない問題を発見したり、今行っている仕事の内容で気になることが書かれていて、確認しなければならなくなったりするのです。そして、それらの対応や確認を行うことで頭がいっぱいになり時間を忘れるのです。

本当に、そのときに解決しなければならない緊急の事柄であればしょうがありませんが、多くの場合はあとで対応しても問題のないことです。ただ、気になったときに「まだ時間があるから片づけてしまおう」と考えて手をつけてしまうのです。

このように「まだ時間があるから……」など**中途半端な余裕があることが遅れを生み出**

す元凶なのです。

では、どのようにすればいいのでしょう。

一番確実な方法は何もしないことです。しかし、それでは時間をムダに消費することになってしまいます。

実は、このような**隙間時間を無計画に使っていることが問題**なのです。「少し時間があるから何かやろう」などと、思いつきで作業を行うからいけないのです。

しかし、隙間時間はいつ、どのくらい発生するか分かりません。そこで、「隙間時間が発生したらこの作業とこの作業をやろう」と作業項目を準備しておくのです。

準備しておく作業項目は、**今の時点では緊急度が低い（期日が今日、明日ではない）が、近いうちに必ずやらなければならない作業**です。そして、**あまり思考を伴わず、短い時間（5〜15分）で実施でき、途中で打ち切ることが可能なもの**です。

例えば、業務報告、申請書などの定型項目の記入や、定型的な準備作業などです。これらの作業項目を毎朝数個ピックアップしておくのです。そして、隙間時間が発生したときに、それらの項目の中から実施するようにします。

最後に、もう1つ時間を忘れないために有効な方法をご紹介します。

それは、**周りの人を活用する**方法です。仕事をはじめる前に、周りの人に「今日、○○時には約束があるので私が時間を忘れているようなら声をかけてください」と言っておくことです。

「そんな他力本願な！」と思われるかもしれません。

しかし、使えるものは何でも使えです。そして、この方法は意外に効果的です。何人かいれば、その中に時間に対する感覚の鋭い人がいます。そのような人はたいてい声をかけてくれます。

ただし、これはあくまでのバックアップのための方法と考えてください。あくまでも時刻を意識することは自分が行うべきことです。ただ、どうしても気がつかないことがあるので、そのときのために他人のお力を借りるだけです。

ですから、万が一時刻を過ぎても誰も声をかけてくれなかったからといって文句を言ってはいけません。もし、ここで文句を言ってしまえば、それ以降、誰も手伝ってくれなくなります。くれぐれも気をつけてください。

03 そこまでの過程を考慮していない

遅れてしまった理由に「ここまでくるのに、こんなにかかるとは思わなかったので……」という言葉を聞くことが、よくあります。

こう言われてしまうと「そうですか……」「しょうがないですね……」となってしまいます。しかし、これは全く理由になっていません。「思わなかった」ですまさず「思ってください！」と言いたいところです。

このように答える人は、そこに至るまでの過程を明確にしていないのです。

・待ち合わせ場所や客先に向かうのであれば、どのような交通手段を利用するのか
・それらの交通手段をどこからどこまで利用して、どれだけの時間がかかるのか
・行く時間帯の時刻表や乗継、運行状況（混雑、渋滞など）はどのようになっているか

などをあらかじめ調べた上で、それに間に合うように出かければいいのです。

最近ではインターネットなどで、乗継の検索をしてくれるサイトがありますから、それらを利用して情報を得ておきましょう。

しかし、その際に注意したいことは乗継の時間です。特に自分が行ったことのない場所での乗継には、思っている以上に手間取ることがあります。それらも勘案しておく必要があります。

また、公共交通機関であっても事故や天候などによって時刻が乱れたり、不通になったりすることがあります。そのようなときに慌ててしまわないように、あらかじめ他のルートがないかも確認しておくといいでしょう。

そして、これらの調べた内容は**移動の途中でも確認できるようにしておく**ことが大切です。携帯端末などで確認できるようにしておくか、紙に打ち出して持っていくかしましょう。そうすることで予定通りの列車に乗れているのか、速くなっているのか、遅れているのかが、その場で確認できるようになるのです。

また、**出かける直前になって資料を印刷しはじめたり、書類を探しはじめたりする人**もいます。

これは明らかに段取りなどを全く意識していない人です。

商談や打ち合わせで何が必要かは事前に分かっていたはずです。しかし、用意せずにいて直前に慌てるのです。この場合にはだいたい何かを忘れてしまったり、間違えて持っていったり、場合によっては必要なものが作られていなかったりするのです。

そのようなことにならないためには、しっかりと準備をしておくことが大切です。

まず、きっちりと**商談・打ち合わせの目的を確認**します。そして、その**商談・打ち合わせに必要であると考えられる資料を洗い出し、紙に書き出してリスト（チェックシート）にします。**すでに存在する資料も存在しない資料も含めて、必要であると考えられるもの全て書き出してください。

書き出したリストをクリアファイルや紙ファイルの先頭に入れます。次に、リストの中で、すでに存在する資料を持ってきて、そのファイルに入れ項目にチェックを入れます。

現在、**存在していない資料については、いつ、どの作業で作られるものなのかを確認**します。

　もし、その資料を作成する作業が考えられていないのであれば、新しくそれを作成する作業をしなければならないということです。その作業をいつ、どのように行うのかが明確になったらリストの各項目の横に**作成日を記入**していきます。

　そして、作業が行われ資料が作られる度に、その資料をファイルの中に入れ、項目にチェックをしていきます。

　また、このファイルには**リストに書かれていない資料は入れない**

チェックシートを作る

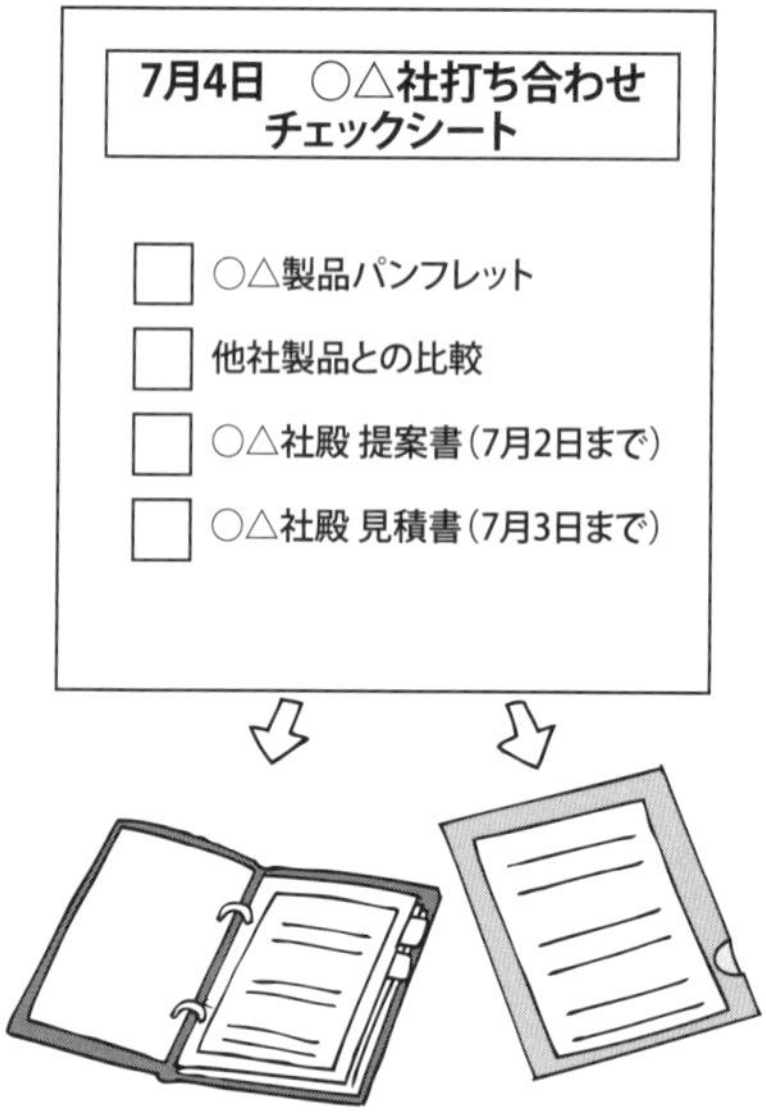

ようにしてください。そうしないと次第に何のファイルであるか分からなくなります。

もし、あとから必要であると気がついた資料であれば、必ずリストに追加してください。

このようにすることで商談に必要な資料を探すことや、慌てて作成することで遅れてしまうことをなくせます。


待ち合わせやアポイントが決まった時点で、しっかりと経路の確認や、作成・準備するべき資料などを明確にして、それらを事前に用意しておくことが大切なのです。

04

直前に割り込みが入る

待ち合わせやアポイントの約束の時刻に間に合わせるためには、「今出なければならない」というときに限って、電話が鳴ったり、上司・後輩から話しかけられたりしませんか。そして、電話に出たり、話を聞いたりしてみると、どうでもいい内容だったりするのです。

これらは、一見自分から起こしたことではなく他者に原因があり、自分では回避できないように思われます。確かに、他者がその人の都合でアクションを起こしていますから、全てを自分で回避することはできません。

しかし、その内のいくつかは回避できるのではないでしょうか。

基本的に電話は相手の都合でかかってきます。一見すると自分ではどうしようもないよ

うに見えますが、実は、その中でもいくつかには手が打てるのです。

例えば、電話の中にはかかってくることが分かっているが「何もこのタイミングでかけてこなくても」と思うものがあります。こういったものは、かかってくることが分かっているのですから回避は可能なのです。

「どのように回避するのか？」と思われるかもしれません。しかし、回避方法はとても簡単なことです。**こちらから電話をかければいい**のです。

出かけなければいけない時間になる前に、こちらから電話をかけ「これから私は外出してしまうのですが、○○についてどうなりましたでしょうか」などと聞けばいいのです。もし、不在だったり、まだ答えが出ていなかったりするのであれば「○○時には戻りますので、それ以降にご連絡いただけると助かります」や「戻りましたら、またこちらからご連絡させていただきます」などと伝えておけば、突然電話がかかってくることはなくなります。

では、上司や後輩から声をかけられることはどのように回避すればいいでしょう。

ところで上司や後輩から急に声をかけられる原因は何ですか。

本当に、突発的な問題が起こったということも考えられます。これは、どうしようもないことですし、ひょっとしたら待ち合わせやアポイントをキャンセルしてでも対応しなければならないことでしょう。

しかし多くの場合は、そのように突発的かつ緊急のことではありません。ごく些細なことで、別に出かけようとしている今言わなくてもいいような話だったりします。

これは、**普段のコミュニケーションが悪い**から起きることです。

普段のコミュニケーションが悪いと、お互いにどのような仕事や作業を行っているかが分かりません。そのため相手は、あなたに待ち合わせやアポイントがあるのかどうか、知らないのです。

相手からすると「(あなたの)作業のきりがついたようなので聞くなら今だ!」と考えて声をかけてきたり、「しまった! 今から出かけてしまうんだ! 出かける前に聞いておかなければ!」など慌てて聞きにきたりするのです。

このようなことをなくすためには、普段からお互いが**どのような仕事(作業)を抱えて**

いて、それぞれがどのような状況にあるのか、そして、どのような予定で動いているのかなどが共有できるようにするのです。そして、他者が課題や問題を抱えているようであれば、自分から声をかけて解決を促すようにしていくことが大切なのです。

そうすれば、突然声をかけられることは大きく減っていくはずです。

このように、自分から先手を打っておいたり、普段から相手としっかりしたコミュニケーションを取ったりすることで、直前になって割り込まれることをなくしていけるのです。

05

連絡をしない

ここまで、お話ししてきたような対策を行っていくことにより、待ち合わせやアポイントの約束の時間に間に合わなくなることは、かなり減らすことができると思います。しかし、完全になくすことはできません。

なぜなら事故やトラブル、災害など突発的な事象はどうしても発生しますし、人間ですからうっかりすることもあります。しかし、そのような事態に陥ったときには、**速やかに相手に連絡をする**ことが大切です。

ただ、実際には連絡をしない人が意外に多いようです。「5分ぐらいだから」や「遅れる連絡をしている時間があったら、その分だけでも早く着きたい」などと思ってしまうからです。

そして、連絡がないことによって待ち合わせの相手は、その場所で待たされることになるのです。もし、あなたから連絡があり、どれくらいの時間遅れるということが伝えられていれば、事前にいろいろな手立てをすることができます。

例えば、複数人で打ち合わせをする場合、先にはじめてもらうこともできますし、あなたが到着したあとの段取りを、どのように変更すればいいかも考えておいてもらうことができます。

また、集合したあとで、さらに客先へ向かうのであれば、客先に遅れる旨の連絡を入れてもらえることも可能になります。

このように待っている時間を有効に活用することができるのです。

どのような理由があるにせよ**遅れてしまったり、遅れそうになったりした時点でまず相手に連絡を入れる**ことが先決です。それを必死になって挽回し、奇跡の滑り込みセーフを狙っても全く意味がありません。

遅れる可能性が出てきた時点で、間に合うことはきっぱりとあきらめて、相手に連絡する方法を考え連絡をするのです。

現代では、この遅れる連絡は非常に楽になりました。以前は、携帯電話がなかったため相手に連絡する手段がなかったり、公衆電話を探さなければならなかったりと一苦労でした。ですから「連絡を取るよりも1分でも早く行くしかない」という気持ちになったのかもしれません。しかし、現代では携帯電話という手段があります。どこからでも相手に直接連絡を取ることができるのです。

遅れる連絡をするために費やす時間は多くて1分程度です。その時間を惜しむよりも、速やかに連絡してしまうほうが有用なのです。

そして、速やかに連絡を取るためには相手の連絡先を確認しておくことが必要です。**基本的に、打ち合わせやアポイントの約束をしたときには、何かあったときのために連絡先をお互いに交換しておきます。**そして、その連絡先をその約束が果たされるまできちんと持っておくのです。

いつ何が起こるか分かりません。いざというときに連絡先が分からないと、さらに右往左往することになり必要以上に遅れを拡大してしまいます。

「出かけるときには忘れずに！」です。

06 遅れることに対する影響を考えていない

待ち合わせやアポイント、会議などに遅れてくる人は基本的に同じ人です。そういう人は、どのような場面においても遅れてきます。そして、「自分ひとり遅れても大した問題はない」「少々遅れても主題に間に合えば大丈夫」などと考えています。明らかに遅れることによる影響を考えていません。あなたはどうですか?

まず、**「自分ひとり遅れても大した問題はない」と考えているのであれば、そもそも待ち合わせやアポイント、会議へ参加しない**でください。いなくても問題がないのですからあなたは参加しなくてもいいはずです。あなたにとって参加すること自体に意味がありませんし、遅れることで他の人たちの足を引っ張っているのですから、迷惑なだけです。

しかし、本当にそうなのでしょうか。

自分は参加しなくてもいいと思っているのだけれど、上司や同僚などから参加することを依頼されたのであれば、まず、**なぜ自分が参加しなければならないのかをしっかりと確認する**ことが必要です。必ず何か理由があるはずです。

ひょっとしたら直接的に提案には関係がないけれども、顧客があなたの持っている専門知識に興味があり、提案に先立って考えを聞きたいと言っていたのかもしれません。もしそうだったとすれば、遅れた時点で本当に用なしになってしまいます。

参加する理由を確認して、しっかりとその役割を果たせるようにしてください。もし、理由を聞いてもやはり自分は必要ないと思うのであれば、明確に参加を断りましょう。

「少々遅れても主題に間に合えば大丈夫」や「集合時刻には遅れても電車の時刻に間に合えば大丈夫」と考えているのであれば、それは大きな間違いです。

あなたは良くても、約束をしていた相手はそうではありません。1人が遅れてくることによって他の人たちは何もできずに待つことになります。たとえ**5分でも10分でも相手の貴重な時間を遅れた人が浪費する**のです。

例えば、駅から少し離れたところにある工場などに視察に行くために、駅で待ち合わせをしたとします。その駅から工場まではマイクロバスで移動します。

そのような状況で一人が遅れてくるとバスを出すことができずに、全ての人がそこで待たされることになります。そして、遅れた人が到着しバスが発車すると、バスの運転手は遅れを取り戻すために急ぐことになります。そのため運転が荒くなったり、無理をしたりするのです。予定時刻に出発できていれば余裕をもって運転することができたにもかかわらず、一人が遅れたことによって他の全員の時間を浪費させるだけではなく、命まで危険にさらすことになるのです。

約束の時刻にきた人にとってはいい迷惑です。

打ち合わせなどでは時刻に遅れた人がいると、その人がくるまで打ち合わせがはじまらず、他の人たちは何もできずに待つことになります。遅れた人を**10分くらい待ったとして、も参加者が10名だったとすれば100分という時間をムダに使っているのです。**

また、遅れた人を待っている時間に参加者はそれぞれ勝手なことをしはじめます。隣の席の人と話をしたり、携帯端末などでメールの確認をしたりします。その結果、場の雰囲気が雑然としたものとなり、そのあとで打ち合わせをはじめても緊張感が欠けて、締まりがなくなり必要以上に時間がかかってしまったり、結論を出せなかったりするのです。

ここまでは人に与える影響を考えてきました。では、自分にとってはどのような影響があるのでしょうか。

多く場合、自分は遅れてしまっただけで何も失っていないように思っています。しかし、実際には多くのものを失っています。

まず、相手からの信頼や信用を失っています。考えてもみてください。よく約束の時刻に遅れてくる人に時間勝負の仕事を依頼するでしょうか。また、時間もきちんと管理できない人が微妙な関係性への配慮ができると思えるでしょうか。緻密に検証したり、確認したりすることが必要な仕事をできると思えるでしょうか。

他に選択肢があれば、これらの仕事をあえて時刻に遅れる人に依頼する人はいないでしょう。その結果、それらの仕事で得られるはずの貴重な知識や経験を失います。

また、友人や知人も減っていきます。時刻に遅れる人が仲間にいることによって全体の雰囲気が悪くなっていったり、統制がとれなくなってしまったりする可能性があります。

ですから、次第に敬遠されるようになり、最終的には呼ばれなくなるのです。そして、友人や知人がいなくなることによって、その人たちから得られていた／得られるはずだった情報や人間関係なども失われるのです。多くの可能性を秘めた出会いから遠ざかってしまうのです。ある意味で成功の機会を失っています。

いかがですか。「たかが時間」「されど時間」です。

時間は、人にとって最も貴重な資源です。いくらお金を出しても買うことができないのです。その上、油断しているとどんどん消費されてしまいます。

お金持ちであろうと貧乏であろうと、賢かろうと愚かであろうと人に与えられた時間は平等に1日24時間1年３６５日しかないのです。そのように**貴重な資源を疎かに扱う人は、他者から疎かに扱われるようになる**のです。

貴重な時間をしっかりと扱うようにしていきましょう。

第3章

異常や問い合わせの対応が遅れる

仕事を行っていく中では思いもよらない異常が発生したり、突然、質問がきたりします。それらへの反応が遅れることで、はじめは大したことではなかったはずのことが、深刻な問題に発展してしまうことがあります。

例えば、ファミリーレストランなどで呼出しボタンを押しても何の反応もない、はじめは「忙しいのかな……」などと思ってそのまま待っています。そして、しばらくしても何も反応がないと、もう一度ボタンを押します。それでも反応がないと、お客さんはだんだんイライラしてきて「すみません！」と声を荒げて店員を呼ぶことになるのです。

ただ単に、店員を呼ぶために呼出しボタンを押しただけです。しかし、それに対して全く反応がないと、放置されているという被害者意識が芽生え、怒りさえ覚えるのです。

仕事でも同じです。自分が使おうとしたときに装置や機械が思ったように動かないと、問い合わせをします。しかし、いつまで待っても回答が返ってこない。するとイライラしてきます。長い時間待たされて回答が返ってきた場合、その原因が自分の操作間違いだったとしても、おそらく多くの人は回答者に文句を言うでしょう。

もし、すぐに回答が返ってきて、原因が自分の操作間違いだったことを告げられた場合であれば、素直にお礼を言うでしょうし、謝罪の言葉まで出てくるかもしれません。結局、時間が全てをぶち壊しにしてしまうのです。

このように異常や問い合わせなどへの対応や反応が遅れることで、必要以上に問題を大きくしてしまいます。こうならないよう、速やかに対応することが重要なのです。

01

異常や問い合わせが発生していることに気がつかない

発生している異常や顧客からの問い合わせなどへの対応や反応が遅れる第一の原因は、そのことに気がついていないことです。何よりも、気がついていなければ対応などできるはずがないのです。

ファミリーレストランなどでは、はじめに例示したようなことはよく起きています。呼出しボタンが壊れていたり、信号を受け取る装置のほうに何らかの問題があったりして、ボタンを押しても店員に伝わっていないのです。お客さんからしてみればボタンを押したにもかかわらず、店員がこないことになります。

このようなことが起こらないようにするためには、日々の仕事の中に呼出しベルが正常に動作することを確認する（異常を見つける）ような作業を組み入れておく必要があります。

では、一般的な仕事においてはどのようにしていけばいいのでしょうか。

まずは、異常に気がつくために何をするかということをお話ししていきます。

異常に気がつくためには、**今何が起こっているのかを正しく把握する必要があります。**

実際、仕事の上で起こっていることは意外に認識されていません。

例えば、油圧のプレス機において配管の一部に亀裂が入りオイルが少し漏れていたとします。1回あたりに漏れる量が本当に少なかった場合、機械の動きを見ているだけではこの異常に気がつくことができません。しかし、毎朝プレスの圧力の値やオイルの量を記録して状況を把握できるようにすれば、その値が変化することで何か起こっていることに気づくことができます。

また、事務の職場において毎日多くの社員が残業しているような場合は、誰がどのように残業しているかなどはほとんど把握できていません。月末になって人事担当から誰がどれだけ残業したかという結果が分かる程度です。このような状態では、誰かが何か異常を抱え込んでしまっていたとしても、それを見つけることができません。

もし、毎日の各自の残業時間をリアルタイムに見えるようにすれば、これまでそれほど残業をしていなかった人が急に連日残業をするようになったことや、ある日から突出して残業をしていることに気づくことができます。そして、そこに何らかの異常を発見できるのです。

このように、**仕事の中で行われているものの量や回数、件数、時間などを見えるようにし、その変化を追っていく**ことで異常が発生したことに気がつけるようになるのです。

ところで、問い合わせに気がつかないとはどのようなときでしょう。対面で質問をされたときに気づかないということは、よほどのことがない限りないでしょう。電話での問い合わせにも普通は気がつきます。

ではどのようなときかと言うと、電子メールできた問い合わせです。最近では、いろいろな連絡や問い合わせを電子メールで行うことが多くなってきています。そして、1人の人が1日に受け取る電子メールの数は、かなりの数になっています。多い人では1日に100件以上のメールを受け取っています。

その結果、**重要な問い合わせや質問の電子メールが埋もれてしまい、気がつかなくなっている**のです。また、送る側も電子メールで問い合わせたり質問したりするものはそれほど緊急性の高い内容ではないために、送ったあとで確認しないことがほとんどです。です

何が起こっているのかを正しく把握する

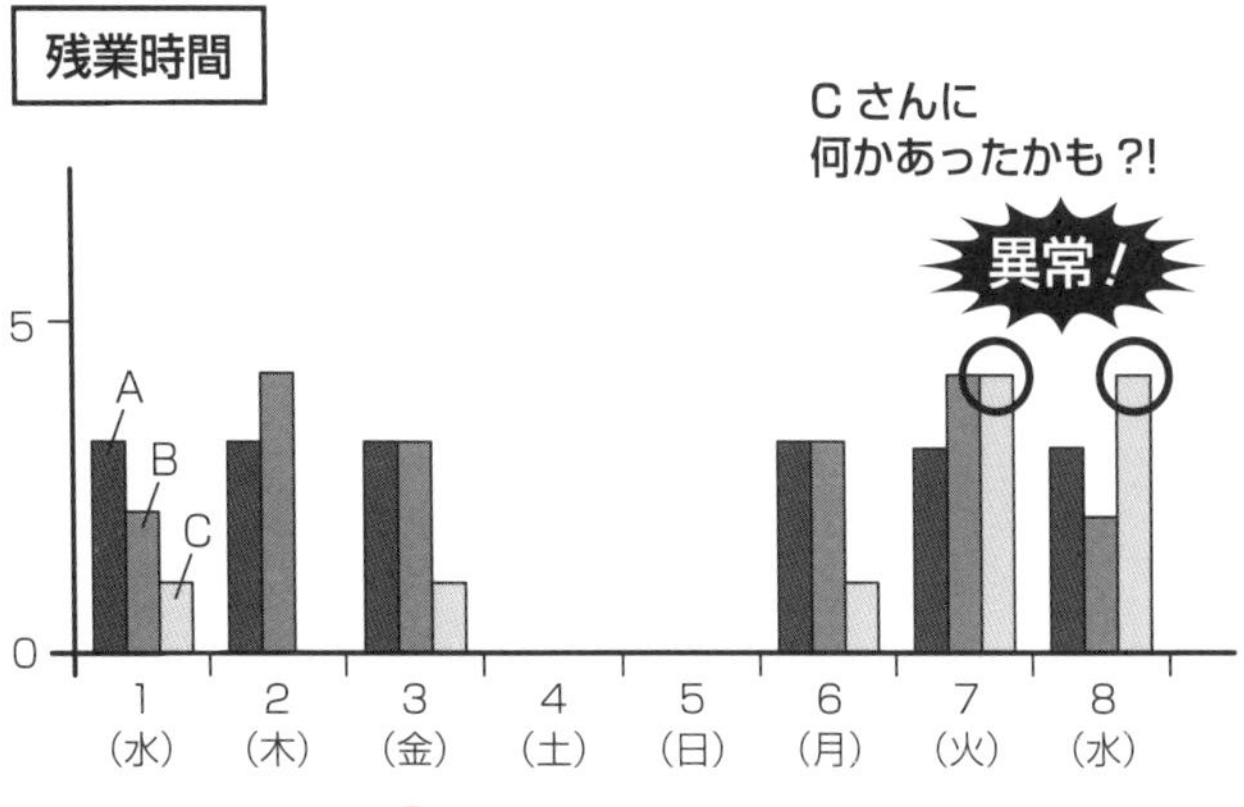

から、気がつかずに時間が過ぎてしまうのです。

このようなことにならないためには、**メール・ソフトの受信トレイを常にきれいな状態にしておく**ことが大切です。今までに受け取った電子メールが全て1つの受信トレイに入っているようでは、メール・ソフトを起動するたびに画面いっぱいに電子メールがあることが普通の状態になります。その結果、1つ1つの電子メールに対する意識が希薄になり、重要なものとどうでもいいものの区分けもあいまいになっていきます。

ですから、読み終わった電子メールは削除したり、他のトレイに移動させたりするようにしていきます。いろいろな会社から送られてくるDMなどは、専用のトレイを用意して、読んでも読まなくても移動するようにし、受信トレイには残らないようにしておくといいでしょう。

基本的に**メール・ソフトの受信トレイには、1画面に収まる件数以下になるように、こまめに確認して処理する**ようにしていきましょう。普通の人であれば1日に1回、件数の多い人であれば数回は行うようにします。

このようにメール・ソフトの受信トレイをきれいな状態に維持することで、メールによる大事な問い合わせや質問に気づかないことを防ぐことができるのです。

02

気づいたこと・問い合わせを忘れてしまう

異常に気づいたり、問い合わせを認識したりしていたのに、それを忘れてしまい対応が遅れてしまうことがあります。

例えば、資材を運んでいるときに、ある装置の近くを通りかかったら何かいつもと違う音がしていることに気づきました。しかし、急いでいたためにその場では何もせず、あとで確認しようと考えました。そして、資材を運び終えたときには装置の異常を忘れているのです。

また、仕事で立て込んでいるときに問い合わせを受けたが、そのときは「あとで回答します」と答えておきながら、仕事が落ち着いた頃には問い合わせがあったことを忘れているのです。

あなたにも、このような経験がありませんか。

先にもお話ししましたが、人の記憶はあいまいです。特に、目の前に優先度の高いことがあるときは、それよりも優先度の低いことに気がついたり言われたりしても、ほとんど記憶には残りません。

ですから気づいたり問い合わせを受けたりしたけれど、その場で対応できないことは、全て記録を残しておくことが大切です。

その方法として**最も簡単なのは、メモを残しておく**ことです。

常にメモ帳をそばに置き、異常に気がついたり問い合わせを受けたりしたら、書き込んでいきます。ただ、ここでの目的は〝忘れてしまうことを避けるため〟なので、事細かに記録をしておく必要はありません。**いつ、どこで、誰に（どの装置に）、何を言われたか（何があったか）を簡単に書いておけば十分**です。

そして、対応を終えたら、その項目を赤線で消したり、メモを捨てたりしていきます。

私はリング留めのメモ帳を使って、1日のことは基本的に1ページに書くようにしています。そして、そのページに書かれていることへの対応が全て終わったら、ちぎって捨てています。

また、別の方法として**電子メールを使う**方法もあります。何かに気がついたときに、それを携帯電話などから**自分のメールアドレスに送る**のです。そして、メール・ソフトの上で未対応のことを管理していくようにします。

前項でもメール・ソフトの使い方について紹介しましたが、ここでも同じように、読んだメールの中で特に対応が必要ではない連絡・通知などのメールは、すぐに他のトレイに移すか削除します。しかし、**対応が必要なメールは、対応が終わるまで移動や削除はせずに受信トレイに残しておく**のです。

このようにすることで、受信トレイに残っているメールは、何かのアクションが必要なものであることが明確になるのです。もし、このようなメールで受信トレイが一杯になってしまうようであれば、根本的に仕事のやり方を考える必要があります。

このように、対応しなければならないことを記録として明確に残していくことで、忘れてしまうことを防ぐことができます。

ただ、メモ帳やメールを使うときに気をつけてもらいたいことがあります。それは、記録する方法を1つにするということです。**メモ帳を使うのであれば全てをメモ帳に、メールを使うのであれば全てをメールにしてください。**たとえメールで受けた問い合わせであっても、メモ帳を使っているのであればメモ帳に記入するようにします。

複数の方法で管理するようになると、重複して記録してしまったり、抜け落ちてしまったりすることがあります。それでは何の意味もありません。必ず1つに絞ってください。

このようにしっかりと記録を残して、未対応のことがどれだけあるのかを目に見える形にしておくことで、忘れることを防止し、対応が遅れてしまわないようにしていきましょう。

03 異常や問い合わせ内容を正しく把握していない

異常や問い合わせに気づいていなければ、対応がはじまらないことはお話ししました。では、気づくことができれば、速やかに対応がなされるのでしょうか。実際にはそうではありません。

私たちは、常にいろいろな仕事を抱えながら働いています。そして、それらを問題なく進めていくためには、必ず優先順位をつけて実施することになります。ですから異常や問い合わせに気づいても、そのことよりも優先順位の高い仕事があれば、まずその仕事が先に行われることになります。これはごく当たり前のことです。

しかし、その**優先順位を決める際に、異常や問い合わせの内容を正しく把握**していなければどのようなことになるでしょう。先送りにしてもいいようなものを優先して行ってしまったり、早急に対応しなければならないようなものをあと回しにしてしまったりするの

です。

01項の油圧のプレス機の例で考えてみると、プレス機の圧力の値を毎日記録していて圧力が低下していることに気がつけたとします。しかし、その圧力の低下が何を意味しているか理解していなかったらどうでしょう。「プレス機の圧力が低下しているな〜」で終わってしまうか、「大変だ！ プレス機の圧力が低下している！」と大騒ぎになるかのどちらかです。

プレス機の圧力は、ある値を下回るとプレスされた製品が設計されている形状にならなかったり、ズレや歪みが発生したりして規格を満たさないものとなってしまいます。しかし、その値まで低下してなければ製品には問題がありません。ただ、低下してしまった原因を確かめ、対処しておく必要があります。

まず、プレス機の圧力が低下しているという異常に気がついたら、その値を確認し、すでに問題にまで達しているものなのか、まだ問題にまでは至っていないものなのかを**正しく把握する**必要があるのです。

これは、問い合わせや質問などについても同じことが言えます。

相手からの問い合わせや質問をその時の状況や口調、雰囲気などで、軽く流してしまったり、慌てふためいて対応したりする人をよく見かけます。

相手は別に怒ったりしているのではなく少し気になることがあったので軽い気持ちで確認しただけなのに、受けた側が勝手に慌ててしまい、必要以上に大事にして頼んでもいないことまで手配してしまったりするのです。

逆に、急いで対応してほしいと思い問い合わせてきているのに、相手の口調が穏やかだったために、それほど慌てて対応しなくても大丈夫なはずだと勝手に決めつけて対応してしまい、あとで大変な騒ぎに発展してしまうこともあります。

このようなことを起こさないためには、**相手が喋った言葉をそのまま文章に書き出す**のです。頭の中だけで考えていると、相手の声のトーンなどによって内容が脚色されてしまうことがあります。

文章に書き出してみるだけで、相手の求めているものが明確になってきます。また、可能であれば、それを他の人にも見てもらい、自分の認識が間違っていないか確認するといいでしょう。

異常や問い合わせなどについて、**実際に何が起こっているのか、自分に何を求められているのかを正しく認識することが大切**です。

必要以上に慌ててしまうことで、求めている以上のことを行ってしまい、その分多くの時間を費やしてしまうことで対応が遅れていってしまいます。

事実を正しく認識して、ムダのない対応を心がけていきましょう。

言葉を文章にする

04 異常や問い合わせが想定されていない

人は想定していないことが発生したり、想定していないことを聞かれたりすると戸惑ってしまい、一瞬反応ができません。人によってはパニック状態に陥って、正しい判断が下せなくなってしまいます。

また、想定されていないようなことが起これば、対処方法も明確になっていないために、いろいろな確認や手配、調整、準備に手間取り、どうしても対応が遅くなってしまいます。

そうならないためには、ありとあらゆることについて想定し、対応方法を確立しておけばいいのです。

まあ、理屈の上ではそうです。しかし、発生しうる全てのことを想定することは不可能です。それに、発生する可能性が極めて低いようなことのために準備をしておくことは、

非常にムダが多くなってしまいます。

では、どのようにしていけばいいのでしょう。

実は、これはそれほど難しいことではありません。そもそも、想定しなければならない理由は、想定していないことが起こると戸惑ったり、パニックを起こしたり、いろいろな確認に手間取ったりすることで反応が遅れないようにすることです。ですから、そのようにならないような仕組みを作っておけばいいことになります。

まずは、**現時点で発生することが想定できることを洗い出します。**それらについては、どのように対応するかを明確にしておきます。ここでは、それ以上のことを無理に洗い出す必要はありません。発生するかどうかも分からないものを考えても意味がないからです。

次に、**想定されていないことが発生したときの、対応手順を明確に決めていきます。**

機械や装置で想定していなかったような異常が発生した場合には、まず何（利用者の安全、装置の保護、製品・材料の消費）を優先するのか、そのときの状況を正しく把握するための情報（どの装置のどの部分で、どのような作業中に、何が、どうなったのかなど）をどのように収集しておくのか、そして、どこにどのように連絡をするのかを明確にして

「想定外のことにどう対応すればいいか」をマニュアル化する

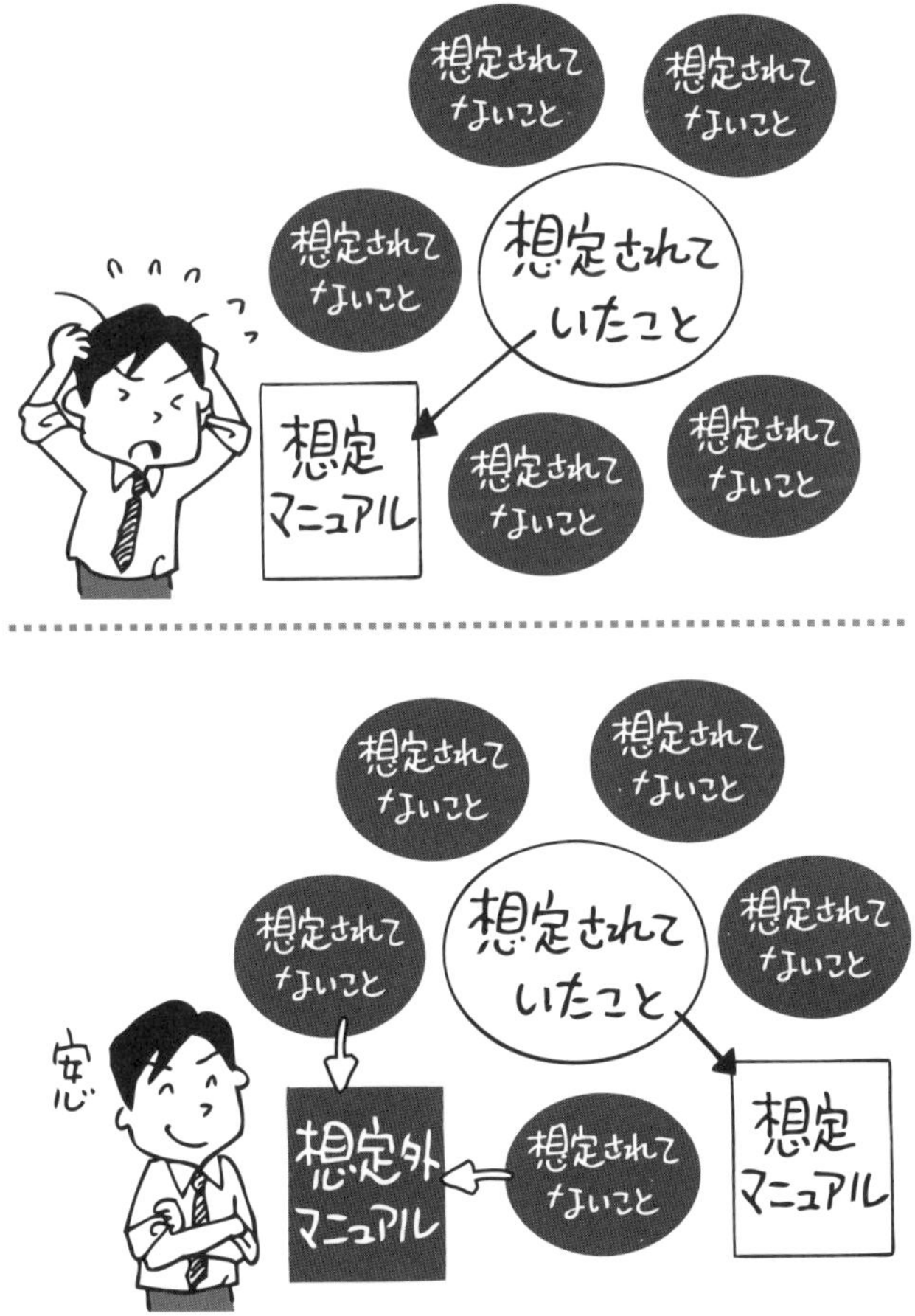

おくのです。

問い合わせにおいて想定していなかったようなことが発生した場合には、相手の状況を正しく把握するために何を聞くのか、相手に対してどのように答えるか、そして、誰にどのように確認をするのかを明確にしておきます。

特に、想定していなかったような問い合わせに対しては、相手に対して正直に想定していなかった内容である旨を伝えることが重要です。そのために対応には時間がかかってしまう可能性があることを認識してもらうのです。このようにしておけば相手も対応が遅いとは思いません。

そして無事に対応ができたら、ここで発生したことと対応方法を残していき、**想定事項を充実させていきます。**

想定できていることと、想定できていないことを明確にして、**想定できていないことを想定した対応にしていく**ことが重要なのです。そして、慌てて冷静な判断が下せなくなったり、確認や手配、調整、準備などに手間取ってしまったりすることをなくし、対応が遅れることを防ぐのです。

05 結論に至るまで報告しない

ある日の朝、後輩に彼が専門にしている技術について質問をしたところ「確認してみます」と言って調べはじめてくれました。しかし夕方になっても返事がきません。そこで確認してみると「まだはっきりしない」と言うのです。

どういうことかと聞いてみると、質問した内容を資料で確認したところ、とりあえずの回答は得られたのですが、その内容に自分としてどうしても納得のいかないところがあるので、インターネットなど他の情報で確認しているということだったのです。

彼は忘れていたわけでもなく、あと回しにしたわけでもなく、私が質問をしてから一生懸命に調べてくれていたのです。

しかし、私が必要なときに間に合わなければ、その一生懸命は何の意味もありません。

私としては、とりあえずの結果が得られたところで、その内容を伝えてもらえればよかったのです。そのときに、ただし自分としては納得がいっていない内容なので確認する旨を伝えてほしかったところです。

このように、**問い合わせなどに応える際に、しっかりとした内容を返そうという思いが強くなりすぎるあまり、きっちりとした結論が出るまで抱え込んでしまう**人がいます。

しっかりとした内容を返そうという思いを持つことはとても大切なことです。しかし、自分の納得がいくような結論や完璧な答えが出るまで相手を待たせるのは、少し行きすぎていると思います。

物事を考えていく中にはいくつもの要素や選択肢があります。そして、結論に至るためにはそれらの要素や選択肢を決めていかなければなりません。

しかし、その要素の抽出や選択肢の選択が依頼者の思っているものと違っていたらどうなるでしょう。長い時間をかけて出来上がったものが、全く意味のないものになってしまうのです。

もし短い時間で結論の出るような内容であれば、やり直しても問題はないかもしれません。ただ、結論を出すまでにかなりの時間を要していた場合には大変な問題になります。

このようなことにならないように、最終的な結論に至る前、ある程度の方向性が見えてきたときや、いくつもの要素や選択肢を吟味しなければならなくなったときには、依頼者に確認するということが大切なのです。

しっかりした結論が出るまで自分の中で抱え込むのではなく、**要所要所で依頼者に確認したり、条件を提示したりして認識のずれを補正していく**のです。

また、このように途中過程で話をしていくことによって、依頼者は作業が進んでいることを認識し、遅れているという認識を持たなくなります。

06 連絡に足踏みする

異常や問題などが発生した場合には、速やかに依頼者や関係部署に連絡を入れる必要がありますが、しかし、人はいい内容については躊躇《ちゅうちょ》なく速やかに連絡することができるのですが、悪い内容に関してはどうしても抵抗があり、あと回しになります。

その結果、連絡が遅くなり、ことを大きくしてしまうのです。

では、いい内容と悪い内容のときにとってしまう行動の違いを見てみましょう。

いい内容のときには、**自分の気分が高まっていて、相手にも知ってもらいたいためにすぐに連絡を入れます。**相手が不在の場合でも、多くの人に知ってもらいたいので伝言を頼みます。

悪い内容のときには、**自分の気持ちが落ち込んでいます。**その上**相手に知らせると、原

因やそのあとの対策を聞かれたりするため、その質問への対策を考えなければならないと思い、さらに深く落ち込んでいきます。また、いざ連絡をしても相手が不在だった場合、できるだけ他の人に知られたくないという思いから、具体的な伝言は残さずに終わってしまうのです。

自分の気持ちはかなり大きな障害です。気分が落ち込んだりすること自体を責めることはできませんし、逆にそれがなければ人は成長していきません。しかし、その気持ちによって仕事が遅れるようでは困ります。**気持ちがよかろうが悪かろうが行うべきことをやる。**それが仕事をするということです。

また、悪い内容とは言っても、それは今そのような結果になったというだけで、それに対処していけばいい結果に転化することも可能なはずです。異常や問題もその先の成功のための礎《いしずえ》と考えれば有意義なものになります。しかし、それを礎としていくためには、速やかに報告し活用していかなければならないのです。

依頼者や関係者から、怒られるかもしれません。笑われるかもしれません。馬鹿にされるかもしれません。それでも最終的に目的を果たせるようになるために取り組むことが仕事なのですから、そのような表面的なことに煩わされる必要はないのです。

事実は、**仕事を行っていく中で異常や問題が発生したということだけ**です。その事実に正面から向き合い解決していくことが大切なのです。

また、いい内容の場合はそれ以上対応する必要はないが、悪い内容の場合には必ずそのあとに対策を考えなければならないという思いがあります。しかし、本来はこの考え方は間違っています。

悪い内容のときには当然対策を考える必要がありますが、いい内容のときにもそれを継続的に行うためにどのようにすればいいかを考え取り組む必要があるのです。ですから、いい内容であろうと悪い内容であろうと、その先を考えなければならないということには変わりないのです。

ちなみに、いい内容だったときにそれをどのように維持・継続するかということを考えないので、**一度は成功したはずのことが二度目には大きな失敗で終わることが多い**のです。

さらに言えば、**異常や問題を認識したときに時間を空けずに連絡していれば、原因の追究や対策の検討が行われていなくても何ら問題はない**はずです。

もし対策を聞かれても「それは、これから検討するところです」と答えればいいのです。

であるにもかかわらず、聞かれたら答えなければならないと勝手に思い込み、それを考えるためにムダに時間を費やし、さらに連絡が遅れるのです。そして、連絡が遅いために相手からは対策を聞かれる結果になります。

異常や問題はすぐに連絡

依頼者や関係者に、まずは第一報を入れておけば相手側でも対策を考え、準備を進めることができます。1人で悩んでいるよりは、はるかに解決が早くなるはずです。

異常や問題が発生した場合には、自分の感情に左右されることなく、まず発生した事実を正しく依頼者や関係者に連絡します。

このときに注意すべきことは、**実際に起こっている事実だけを伝える**ことです。間違っても、自分の考えや推測を入れてはいけません。そして、そのあとの対応の段取りを確認します。いつどのような内容について連絡を入れるのか、対策などをどのように決めていくのかなどを確認しておくのです。

そして、その段取りに従って連絡を行い、確実に異常や問題を解決していくのです。

このようにしっかりと連絡を行っていくことで、対応が遅れて取り返しのつかないことになることを防ぐことができるのです。

第４章

仕事が他者より遅れる

他者より遅れるとは具体的にどのようなことでしょう。

例えば、自分としては一生懸命に仕事をしているつもりなのに、気がつくと自分よりあとからはじめた人が先に終わっているということです。場合によっては、昨年まで自分が仕事のやり方を教えていた後輩が、自分より多くの仕事をこなしている。抜かれる身になってみるとひどくショックな出来事です。

また、自社で新しく考えていた製品やサービスについて、他社に先を越されてしまうことです。これは本当に悔しい思いをします。

このようなことは、あなたにも少なからず覚えがあるのではないでしょうか。


こうなってしまう原因は、周囲の状況が把握できていなかったり、そもそも知識や技能が不足していたり、自分の能力を過信していたり、必要以上に悩んでしまっていたり、他の人が行っていないようなことをやっていたり、単純にミスを繰り返していたりといろいろです。

そのいろいろな原因をこれから1つずつ見ていこうと思います。

01 周囲の状況を見ていない

Aさんは毎日まじめに仕事を行い、与えられた仕事をしっかりとこなしています。さらに、必要な資料などはしっかりと読み込み、十分な知識もつけています。にもかかわらず、彼ほど勤勉ではないBさんが、先に昇進していく。一見、理不尽な構図のように見えませんか。

しかし、この2人には明確な違いがあるのです。

Aさんは、今目の前にある仕事に集中し、それに必要な情報や知識を必死で吸収していっています。これ自体は何も悪いことではありません。それどころか称賛されるべきことです。しかし、彼はそこで留まってしまっているのです。全てが**現在必要なことであり、それ以外の情報や知識、経験などを得ていない**のです。

それに対してBさんは、目の前の仕事はしっかりと行うのですが、そのために必要な情報は最低限に留めています。その代わりに**直接関係のなさそうなことあるいは人などとの接触を増やして、いろいろな情報や知識、経験を貯めていた**のです。

その結果、Aさんはその分野の知識はとても深いのですが、発想や着眼が固定化してしまい、新しいものや環境の変化へ対応できなくなってしまっています。それに対し、Bさんは広い分野の知識や経験を基に、新しいものへどんどん挑戦していくことができたり、環境の変化に柔軟に対応することができたりするのです。

2人の違いは入力の違いです。ある特定の入力をただひたすら追い求めるか、広い視野からいろいろなものを取り込んだりしているかの違いです。

ただ、どちらが良くて、どちらが悪いということはありません。特定の分野の情報を深く掘り下げることも必要です。しかしそれだけになってしまうと、変化の速い現代では、気づいたときには時代の流れに取り残される結果となるのです。

まずは、**自分の専門分野だけではなく、自分の周囲で起こっていることにも目を向けていく**ことが大切です。同業種の人たちと話していると、より深い話ができて楽しいかもしれません。しかし、たまには全く異なる業種の人（例えば、学生時代の友人など）と話をしたり、買い物に出かけたときには、店員さんなどと話をしたりしてみるのです。

また、業界専門の雑誌や書籍ばかりではなく、一般的なビジネス誌や情報誌、流行の書籍などを読んだり、テレビなどでドラマやバラエティー番組、そしてCMなどを見てみたりしましょう。

すると、今までには持っていなかった新しい情報や知識を得

見聞を広げる

られ、世の中ではどのようなことに関心があり、どのようなことが求められているのかを知ることができます。

これらは一見､自分の仕事とは関連のないことのように思えるかもしれません。しかし、実際には非常に関連性があります。

他業種の仕事のやり方などは、自分たちの仕事のやり方を変えていくヒントになりますし、何度もテレビで扱われる流行のことなどからは、自社の新製品に考慮していくべき点が見つかるかもしれません。また、CMからは、他社がどのようなことに力を入れようとしているかを伺うことができます。競合が力を入れようとしていることには対抗策を打たなければなりませんし、得意先が力を入れようとしていることには、どのように協力することができるかを考えていかなければなりません。

自分の目の前にあることだけではなく、周囲のことにも目を向けましょう。そして、自分に関係ないこととして流すのではなく、そこに何か自分の仕事に結びつけていくことができないかと日々考えていくことが､他者に遅れをとらないためには重要なことなのです。

02 知識や技能が足りない

他者から遅れをとる原因として、真っ先に考えられるのは、知識や技能、経験、ノウハウが足りないということです。なぜ、遅れをとったかを聞いてみると、多くの人が「彼は自分にはない知識を持っているから……」「私にはノウハウがないから……」などと答えます。

確かに、知識や技能、経験、ノウハウがあることによって、仕事はとても効率的に行えるようになります。

例えば、エクセルを使用していて、10行のデータからある列の値を合計しようとしたとします。エクセルの関数の使い方を知らなければ、1行ずつ選んで〝+〟で結びながら計算式を作ることになります。しかし、エクセルのSUMという関数を知っていれば11行目にSUM関数を書くだけで終わります。作業時間は劇的に変わります。

ですから、知っているかどうかによって遅れをとるかどうかは左右されるのです。

では、あなたは具体的に何の知識や技能、経験、ノウハウを補えばいいのでしょう。

この質問に対しては「会計の知識が足りないです」「○○業界について詳しくないから」などの答えが返ってきます。

一見、具体的に足りない領域を捉えているように思えますが、実際には領域が広すぎて何を補ったらいいのか分からないのです。そして、片っ端から全てのことを学ぼうとするために、学ばなければならないことが多すぎて、結局身につけることができないのです。

例えば、小売業について知らないと言っても、商品構成の考え方が分からないのか、立地環境の分析の知識がないのか、売上データから売れ筋／死に筋の見極めができないのかなどを明確にしなければ、はじまりません。これらを分けることなく全ての知識を1から身につけようとすれば、膨大な時間が必要になります。

また、全般的に知識や技能を身につけたとしても、実際には役に立たないものをたくさん身につけただけで、遅れをとっていることを解消することはできません。

まずは、**自分自身がどの分野の何を身につける必要があるのかを、しっかりと認識する**

ことが重要なのです。

では、どのように自分が身につけなければならないものを見つければいいかと言えば、**実際に自分が時間をかけてしまっている作業に着目していけばいい**のです。

まず、他者から遅れをとっている仕事や、自分で遅いと思っている仕事を細かな作業に分解します。そして、それぞれの作業で実際にどれくらいの時間費やしているかを測定したり、思い出してみたりしてください。その中で最も時間をかけている作業を抽出しましょう。その作業を効果的に行うために、自分に不足している知識や技能などがないか考えてみます。

自分で分からない場合は、自分より速く行える人に、この作業において重要なものや、効率的に行うために有用なものは何かを聞いてみてもいいでしょう。

実際、このようにして自分が補わなければならない部分を明確にしてみると、意外な結論に至ることがあります。

「自分は○○に対する専門知識が足りないから遅いのだと思っていたのに、ただ単にエクセルの使い方を知らなかっただけだった」などということがあります。

知識や技能、経験、ノウハウが足りないから遅れていると言っても、仕事ができないわけではありません。基本的なことは、できているはずです。そこから他者に追いつけるように自分の能力を伸ばしていくためには、**自分に不足している部分をより具体的に把握することが**大切なのです。

その部分が把握できていれば、あとは本などで勉強するなり、詳しい人に教えてもらうなり、研修を受けに行くなり、関連する仕事をたくさんやらせてもらえるように上司にお願いするなりして、身につけていけばいいのです。

身につけるべきことを把握し、しっかりと取り組んでいくことで、他者に遅れをとらないようになっていきましょう。

03 過剰に余裕（自信）を持っている

あなたは、「ウサギとカメ」の物語を知っていますか。ウサギとカメが競争をする話です。ウサギは自分の足の速さに自惚《うぬぼ》れて、少しぐらい休んでも大丈夫だと考え昼寝をしてしまいました。カメは自分の足が遅いことを知っているので、休むことなく歩き続けました。昼寝から起きたウサギがゴールに向かって走っていくと、なんとすでにカメがゴールしていた、という物語です。

これと似たようなことが仕事の中でも起きています。「自分は能力があるから着手すればすぐに終わらせることができる」「私たちは豊富な経験があるので他社には負けない」などとはじめる前には言っていたにもかかわらず、終わってみると他の人たちよりも遅れているのです。

仕事が他者・他社から遅れてしまう原因として、このような過信や慢心、思い上がりによるものがあります。能力的には勝っているにもかかわらず、実際に行ってみると負けてしまうのです。

自身の能力に対して過剰な自信を持っているために、わざわざリスクの高いやり方をしたり、途中で他の仕事をはじめてみたり、頼まれてもいないことに口を出したり、依頼されたこと以上のことをやってみたりするのです。

そして多くの場合、その余計に行ったことによって、トラブルや問題に巻き込まれ本来の仕事に戻ることができなくなって遅れてしまうのです。

ここまでお話しすると、なんというくだらないことで遅れているのだろうと思うかもしれません。しかし、このようなことを私たちは日常的に行っています。ただ、「ウサギとカメ」のように直接速さを競っているわけではないので気がつかないだけです。

例えば、ある日、今日中に○○の資料を作成しなければならなかったとします。そのとき、その資料を作成するには4時間もあれば十分だったとすると、すぐに着手していれば余裕をもって完成できるはずです。

しかし、実際には「あの資料は4時間もあればできるから、少し別の作業を進めておこうか」などと考えて他の作業をはじめてみたり、他の人たちが議論している輪の中に入って議論に参加したりするのです。そして、気がつくと夕方近くになっていて、慌てて資料作りをはじめることになるのです。

もし、その資料を作成するために8時間必要だと考えた場合は、他の作業をはじめたり、議論に参加したりすることなどせずに、必死になって取り組んでいたでしょう。

このようなことを起こさないためには、自分に与えられた仕事に対して自信

やるべき作業は余裕があってもすぐに着手

今日はAの資料を
完成させれば良いけど
まあ4時間もあれば
できるから先にBを
やっておこう
B
しまった！
もう15時だ…
Aの資料を作ら
なきゃ！
ヤバイ
A

があろうがなかろうが、とにかく精一杯の力を出しきって行うということが大切です。

しかし、精神論だけではうまくいかないでしょう。そこで、**自分が行わなければならない仕事を全て洗い出して、それぞれの仕事の作業状況が把握できるようにする**のです。

最も分かりやすい方法としては、全ての仕事を付箋紙に書き出して管理する方法です。１枚の付箋紙に１つの仕事を書き出し、それを〝未実施〟〝実施中〟〝完了〟の３つに分けた枠の中に貼っていくのです。

まず、書き出した直後には全て〝未実施〟に貼ります。このとき、仕事は行わなければならない順に並べて貼っておきます。そして、仕事

仕事の作業状況を見える化する

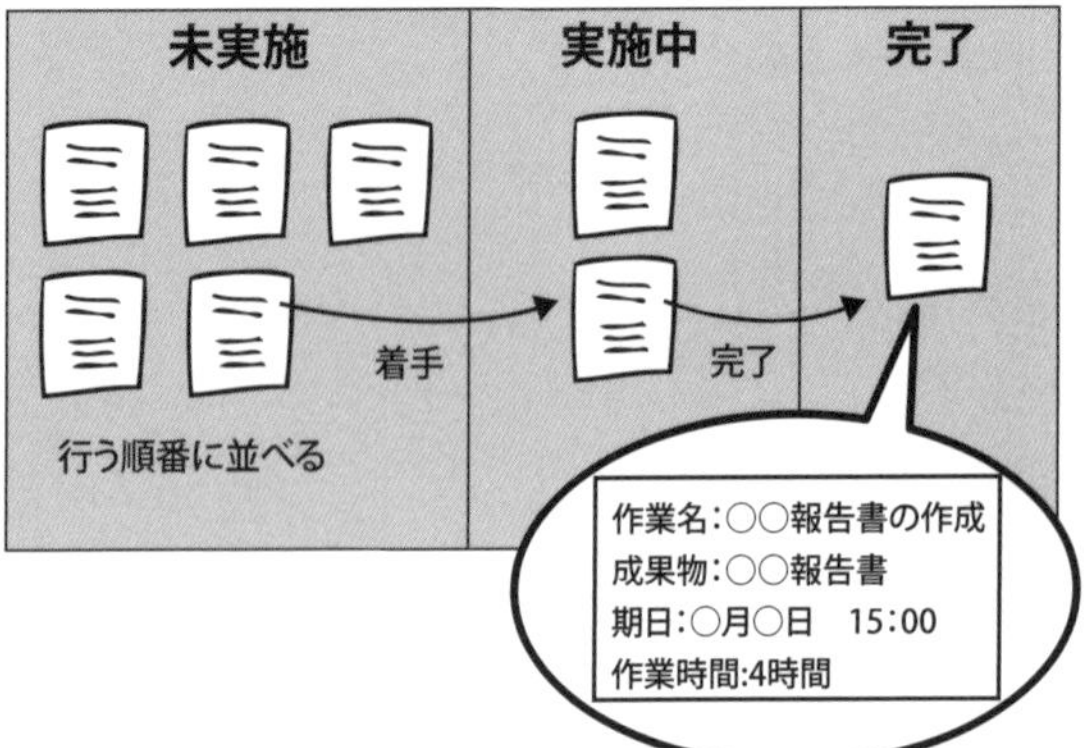

に着手したら〝実施中〟に移動させます。仕事が完了したら〝完了〟に移すのです。**基本的に〝実施中〟には1枚しかない状態にする**ようにしていきます。こうすることで1つ1つの仕事に集中して、他のことに気を取られることを防ぐことができます。また、見えるようにすることで周りの人からも牽制してもらえるようになります。

付箋紙などを使用することが面倒な場合は、A4の用紙などに仕事を書き出して、その横に着手したら赤いシールや印をつけ、完了したら赤いシールの上に青いシールを貼ったり、マーカーで塗りつぶしたりしていくようにします。そうすることで赤いシールが同時に複数あるようであれば、途中で他の仕事に移っていることが認識できるようになるのです。

仕事を1つずつ確実に終わらせていくことで、自分の持てる能力を十分に発揮し、能力に見合った評価をされるように心がけていきましょう。

04 他者に聞くことができない

仕事を進めていく中では1人では解決できないことや、自分では分からないことなどがたくさんあります。

かつては1人では解決できないことや分からないことは、とにかく上司や先輩、同僚などに手伝ってもらったり聞いたりして、何とか解決していました。しかし最近では、他の人に助けてもらったり聞いたりすることなく、1人で抱え込んでしまっている人が多いようです。

他者に聞くことなく1人で抱え込んでいる人に「なぜ聞かないのか?」と尋ねると、「恥ずかしい」「こんなことも分からないと思われたくない」「怒られる」などという答えが返ってきます。確かに、自分の知らないことを他者に聞くということは、少なからず恥ずかし

いものです。場合によっては「そんなことも知らないの！」などと馬鹿にされることもあります。

しかし、仕事である以上、恥ずかしかろうが馬鹿にされようがやりきらなければならないのです。誰にも聞かなかったことで仕事を終わらせることができなければ問題ですし、聞くことなく勝手に考えて間違ったことを行えば後々大変なことになります。

「聞くは一時の恥、聞かぬは一生の恥」という言葉もあります。まずは、聞くことからはじめることが大切なのです。

ちなみに以前このような話をある会社でしたところ「自分で考えることなく何でも人に聞いていると、そのときの作業は早くできるかもしれないが身につかない。聞く前にしっかりと自分で考えることが重要なのではないか」と言われたことがあります。

もしこの発想で行っていくと、あらゆることを各自で考え、悩むことになります。

しかし、物事には自分で考えたり悩んだりして答えを出すのが必要なことと、考えたり悩んだりして答えを出す必要がないこと、あるいは答えを出すことができないこともあるはずです。そして、答えを出す必要がないことや答えを出すことができないことを、一生懸命考えたり、悩んだりすることはムダです。そして、それを判断することは自分では行えません。ですから、まずは聞いてみるしかないのです。

もう1つ、最近、他者に聞くことができない人が増えてきた原因として考えられることは、インターネットの普及です。**分からないことがあると何でもインターネットで調べようとしてしまう**のです。

確かに、インターネットはいろいろな情報を収集するには便利な道具です。ただ、**インターネットに流れている情報は全てが正しいわけではありません。**ひょっとしたら誤った情報のほうが多いかもしれません。ですからインターネットの情報は、それが正しいかどうかを判断できるようになってから、はじめてうまく活用できるのです。

しかし、何か分からないことがあると、上司や先輩などに聞く前にインターネットで調べてしまうのです。すると、上司や先輩に一言聞けば一瞬で片づいたことに数時間かけてしまったり、間違った情報によって異なった結果を導いてしまったりするのです。

また、企業の中で使われている言葉や仕事のやり方は、他社や世間一般とは異なっていることが往々にしてあります。それがいいとか悪いとかではなく、今行っている仕事はその企業の中で行われていることで、そこのルールに基づいたものでなければなりません。インターネットは他社や一般の情報の集積です。そのままでは役に立たないのです。まずは、内部の上司や先輩、同僚などに直接聞いたうえで、必要であればインターネットなどで調べるようにするべきなのです。

分からないことはすぐに素直に他者に聞くことで、より円滑に仕事を進めて遅れをとらないようにしていきましょう。

05 やり方が違っている

同じ仕事を何人かではじめたにもかかわらず、気がつくと自分ひとりだけが終わっていない。経験年数や知識、ノウハウも特に違いはないはずだし、一生懸命に仕事に取り組んだはずだ。しかし、他の人たちから遅れてしまっている。なぜ、自分はこんなに遅いのだろう。

このような場合、多くの人は「自分の手が遅いから……」「自分は計算が苦手だから……」などと、自分の処理能力が低いからだと考えがちです。そして、「しょうがない」とあきらめてしまっているのです。

確かにそういう面はあるかもしれません。組み立て作業などで同じものを多く作っているような仕事であれば手の遅さが大きな差につながるでしょうし、伝票の集計や検算は計算が苦手ということが差につながるでしょう。

しかし、そうでない仕事では、個人の処理能力による差はそれほど出てこないはずです。特に最近ではコンピュータ化が進んでいるために、計算などは数字を入力するだけでコンピュータが勝手に計算します。

では、遅くなっている人とそうでない人では、何が違っているのでしょうか。同じ環境で作業をし、同じようなスキルを持っているはずなのに、ある人が他の人より遅れてしまう原因は、**他の人と異なる方法で行っているか、他の人が行っていないことを行っているか**です。

例えば、電話やＦＡＸなどで商品の注文を受けつけてコンピュータに入力する部門でのことです。Ａさんはコンピュータの在庫情報を基にして、注文内容を入力していました。Ｂさんはコンピュータの在庫情報を確認し、在庫の数が少ないときには管理部門に電話で確認してから注文内容を入力していました。

Ｂさんは、他の人が行っていない管理部門への確認を行っていたのです。この作業が余計なものなのかどうかの判断はその会社の状況によって異なりますが、この違いによってＢさんがＡさんより遅くなっているのです。

ちなみに、Bさんは以前にコンピュータの在庫情報を基に注文を入力していたところ、実際には在庫が切れていたために顧客に迷惑をかけてしまった経験があり、それ以来在庫数が少ないときには確認するようになったそうです。

もし、このように実際の在庫とコンピュータの在庫情報にずれが発生しうる環境であったとすれば、Aさんも確認をするようにしなければなりませんし、その環境が改善されているのであればBさんは確認をやめるべきです。

このような違いを解決していくには、**お互いの作業項目や内容、順序などを確認してみることが大切**です。

まず、それぞれが同じ仕事について、どのような作業項目をどのような順序で行っているか書き出してみます。それぞれの作業で使用している帳票やツールなどがあれば、それらを各項目の横に書きます。また、それぞれの作業で大まかにどれくらいの時間をかけているかも書き出します。

書き上がったら、お互いが書き出したものを見比べましょう。

作業項目に違いがあるようであれば、それぞれ何のために行っている作業かを確認しま

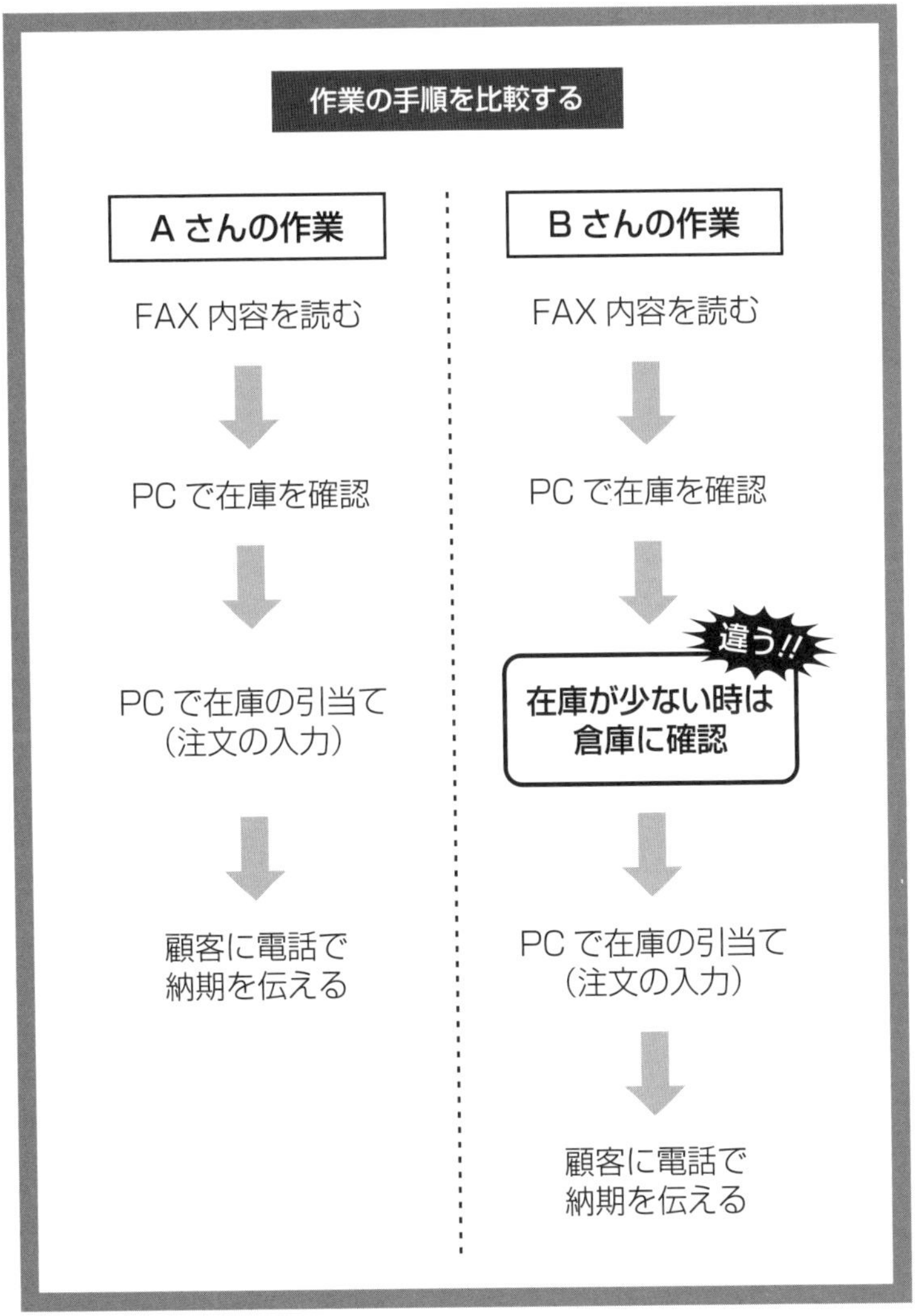
作業の手順を比較する
Aさんの作業
FAX内容を読む
PCで在庫を確認
PCで在庫の引当て
（注文の入力）
顧客に電話で
納期を伝える
Bさんの作業
FAX内容を読む
PCで在庫を確認
違う!!
在庫が少ない時は
倉庫に確認
PCで在庫の引当て
（注文の入力）
顧客に電話で
納期を伝える

す。そして、その作業は行う必要があるものかどうかを検討します。

作業の順序や使用している帳票やツールが違っているのであれば、なぜそのような違いがあるのか、どちらがよりいいのかを検討します。

ただ、どちらのやり方がいいのかは話し合っても結論に至らないことがあります。そのような場合は、一度お互い相手のやり方でやってみるのです。そうすれば、どちらがどういいか／悪いかが明らかになります。そして、その結果を基に、よりいいやり方を見つけていくのです。

特に作業項目や順序、使用しているものに違いがなかった場合には、**かけている時間を比較します。**そこで、大きく違っている項目があるようであれば、一度相手がどのようにその作業を行っているかを実際に見てみることです。実際に見てみると、細かなところで違いがあるはずです。

このようにしてお互いの作業を比較していくと、いろいろ新しい発見があります。そしてどちらかの方法に寄せるのではなく、お互いのいいところをとって、よりいい方法を作り出していくのです。

06 ミスや失敗を繰り返す

いろいろな会社で仕事をしている様子を見ていると、１人は必ず騒々《そうぞう》しい人がいます。騒々しいと言っても声を出して騒いでいるという意味ではなく、あれをやったり、これをやったり、一生懸命に働いているのですが行動が騒々しいのです。その人をさらに細かく観察していると、資料を開いて確認しては閉じ、しばらくしてまた同じところを確認してみたり、文章を入力しては消し、また入力したりということを繰り返しています。

要するにミスや失敗を繰り返しているのです。そして、当然このような人は他の人より遅れます。

仕事を行っていく中でミスや失敗を犯すことは誰しもあることです。人である以上、全てを完璧にこなすことはできませんから、それ自体は問題ではありません。

しかし、ミスや失敗を何度も繰り返すとなるとそれは問題です。

人は仕事を行う中で学習し、成長していかなければなりません。**一度ミスしたことについては、二度と起こさないためにどうするべきかを考えて、取り組むことが必要**なのです。

では、なぜ同じことを繰り返してしまうのでしょう。

それは対策などを考えたり、対策を考えても実際に取り組んだりしないからです。

ミスや失敗を犯すと作業が遅れていきます。そのため、その遅れをとり戻そうと、休む暇さえ惜しんで作業を続けます。しかし、ミスしたことに対して何の対策も施していないためにまた同じミスや失敗を繰り返し、さらに遅れていくのです。まさに悪循環です。

そのような人に「なぜ、対策を考えないのか」と聞くと「時間をあてている暇がない」と答えます。そして、「ではそのミスや失敗はどうするの」と聞くと**「気をつけます」という精神論**で返してきます。

はっきり言って精神論で何とかなるのなら、はじめからそのようなミスや失敗は発生しません。

ミスや失敗を犯した個所には、何かしらの問題が潜んでいるはずです。それを解決しなければ、繰り返すのは当然です。ミスをしたらその都度、原因を考え対策を立てていけば、再び同じミスを犯すことはなくなり、結果的に短い時間で作業を行えるようになっていくのです。

そのためには、まずミスや失敗を犯したことをしっかりと認識する必要があります。**ミスを認識したときに、具体的にいつ、どこで、何をどのように間違えたのかを記録していく**のです。

この記録は、気がついたとき（修正などを行う前）にやるように心がけましょう。時間が経てば経つほど事実を忘れ、細部があいまいになっていきます。最終的には「作業手順を間違えた」などと、とても抽象的な内容になっていきます。

発生した事象が抽象的になると原因の追究も行いにくくなり、一般的な解決策に落ち着き、全く効果のないものになってしまいます。事象が具体的であれば原因の追究も徹底的に行うことができ、解決策も効果の高いものになるはずです。

ですから、最低でも「何をどのように間違えたのか」は、すぐにその場で書き残すようにしましょう。

そして、**事実が把握できたらその原因を追究していきます。**

これもできれば発生したときに、その場で行うことが望ましいです。なぜなら、その場で行えば原因もその場に存在するからです。

時間が経てば仕事をしている環境も変わります。ある条件がそろったときにだけ間違えるということもあるのです。

例えば、ある時刻だけ窓からの光の反射によってパソコンの画面が見にくくなるために読み違いを起こす、などということがあるかもしれません。それは、そのとき、その場でしか分からないのです。

事象を正しく捕まえて原因まで追究できれば、あとは**解決策を考えて実施する**だけです。解決策はその場で考えられるような内容であればすぐに考えればいいですし、時間がかかりそうな内容であれば、とりあえず置いておいてあとで検討します。

また、**解決策の検討は1人で行うのではなく、何人かで話し合う**と効果的です。人が増えればそれだけ多くのアイディアが出てきます。1人で考えていると、どうしても短絡的な対策に走ってしまいがちです。また、他の人はすでに体験したことがあるようなものだったり、簡単に解決する手段を知っていたりすることもあります。

そういう意味で、できるだけ自分とは違う仕事や経験をしている人と一緒に考えていきましょう。

対策は次に同じ仕事を実施するまでの間に考え、次回その仕事をするときには必ず実施するようにします。そして、それが有効であれば、**継続的に行っていくためにどのような仕組みを作ればいいかを考えて、忘れないようにします。**

このように**ミスや失敗の対策にあてる時間を惜しむのではなく、解決することで時間を有効に使えるようにする**のです。ですから、しっかりと事実を捕まえ、原因を追究し、解決策を仲間と一緒に考え、実施していってください。

ミスや失敗は必ず解決策出し、実施する

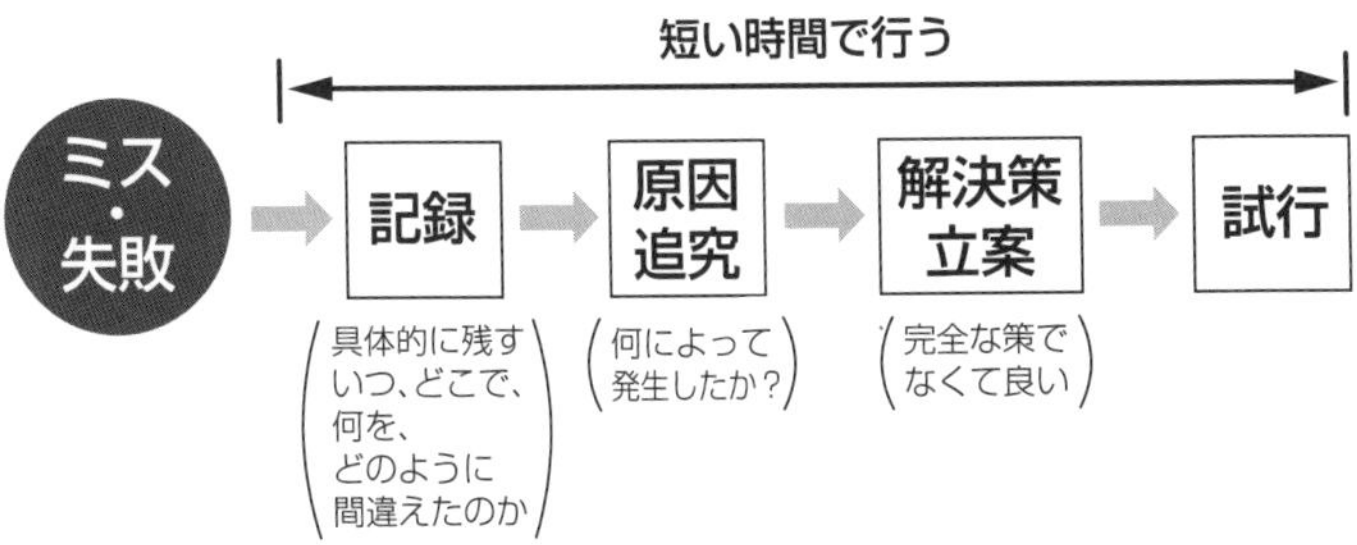

同じミスや失敗は二度と繰り返さない。そのためには精神論ではなく、しっかりとした対策を講じましょう。

第5章

会議やミーティングの進行が遅れる

お客様と商談のための日程調整をしているとき、「この日は社内会議がありまして……予定では3時に終わることになっているのですが、いつも長引くので別の日に……」ということをよく耳にします。

多くの企業では会議やミーティングが予定した時間で終わらず、長い時間会議室に拘束されるということが起きています。

その結果、そのあとの予定を組むことができなかったり、本来行わなければならない仕事ができなくなってしまったりと、いろいろな問題を引き起こしています。

また、参加する人たちも、いつまでもだらだらと続く会議にうんざりしてしまいます。

そして、内容に対する集中力が欠けて、十分な議論が行えず、最終的に結論を出すことができずに終わるのです。

このような会議は行うこと自体が時間のムダです。

会議やミーティングの進行が遅れることは、単に時間管理上の問題だけではなく、その会議やミーティングの質さえも低下させてしまうのです。

01 ゴールが明確ではない

会議やミーティングが時間通りに終わらない最大の原因は、ゴールが明確になっていないことです。その会議で何を決めるのか、どのような状態に至ればいいのかが、あやふやなのです。ですから、**〝終わらない〟**のではなく**〝終われない〟**のです。

例えば、あなたの職場では週次や月次で仕事の進捗状況を確認するミーティングなどはありませんか。もし、そのようなミーティングがあるようでしたら、そのミーティングのゴールは何でしょう。

各自の作業状況を上司が認識することでしょうか、それとも担当者がお互いの作業状況を把握することでしょうか、各担当者の抱える問題や課題の対策を決めることでしょうか、各担当者の仕事で発生している異常や問題を見つけて対応を決めることでしょうか、いか

がでしょう。

ゴールによってミーティングの中で話すべき内容は決まってきます。言い換えれば、ゴールが明確になっていれば、ミーティングの中で**話す必要のないことも明確になる**のです。

「作業状況を上司が認識する」であれば、単純に各自が個別に作業状況を報告し、それを上司が確認するだけでよく、他の人が話す必要はありません。

「お互いの作業状況を把握する」であれば、各自の作業報告に対してお互いに詳細な状況の確認を行っていくこととなります。

「問題や課題の対策を決める」であれば、作業状況の報告だけではなく、どのように作業を行っていて、今どのようなことが起こっているのかも詳細に説明しなければなりません。さらに、それに対していろいろな意見やアイディアを出して検討する必要もあります。

「異常や問題を見つけて対応を決める」であれば、作業状況の報告だけではなく、どのように作業を行っていて、どのような状況になっているかという詳細な説明をして、その中からいつもと違っていることを見つける必要があります。そして、それに対してどのように対応していくかを話し合うのです。

会議はゴールを設定する

また、**ゴールが明確になっていると、このミーティングがいつ終わるのかが誰でも分かるようになってきます。**ゴールを明確にせずにミーティングをはじめると、どこまで決まったら終わるのかが分からないために、ダラダラといつまでもミーティングが続くことになります。挙げ句の果てに、何についても結論が出ないまま**「もう時間がないので、また次のミーティングで……」などという、不毛な会議の連鎖がはじまってしまう**のです。これは非常に疲れますし、士気も低下していきます。

このような事態にならないためにもゴールを明確に決めておく必要があるのです。

ゴールが明確になっているということは、何が決まれば、あるいは、どのような状態に至れば会議が終わるかがはっきりしているということです。そして、会議をその方向に向かって推し進めることができるようになるのです。

ぜひ、しっかりとゴールを決めて有意義な会議やミーティングを行ってください。

02 集まりが悪い

会議やミーティングの開始時間になっても参加者が集まらず、しばらく待つことに……。あなたはこのような状況にあったことはありませんか。

このように集まりが悪いことも、会議やミーティングを長引かせる原因の1つです。まずは、そもそも定刻通りにはじまらないのですから、その分終了時刻が後ろに遅れることは当然です。しかし、遅れはそれだけではありません。

遅れてきた人が入ってくると、そのときに行われていた説明や議論が必ず一旦止まります。そして、進行役の人などがその人に現在の状況を簡単に説明してから、議論が再開するのです。この一瞬の中断が、参加者全員の集中力を奪います。

また、場合によっては遅れてきた人のために、会議のはじめからの経緯などを説明する

ことさえあります。これは定刻通りにきた人にとっては、何の意味もない時間です。

このようなことも1回ぐらいなら何とか我慢できますが、しばらくするとまた1人、そしてまた1人と何度も繰り返されると腹が立ってきます。

このような**状況や経緯の説明のために消費される時間や、説明や議論を再開するために思い出したり確認したりすることに消費される時間などが、会議やミーティングを遅れさせていく**のです。

このようなことが起こらないようにするためには、会議などがはじまったら、**途中から参加させない**という断固とした姿勢を示すことが大切です。遅れても参加できるし、誰かがフォローしてくれると思うから平気で遅れるのです。

もし、遅れている人がいなければ会議やミーティングが成り立たないという場合は、その人がくるまで待つか、一度中止にして後日改めて招集するようにします。会議やミーティングにしっかりとした目的があり、自分たちの目指すものや役割がはっきりしていれば、遅れてくる人などいないはずです。

とは言っても、実際にはいろいろな事情によって遅れてしまうことはあります。ただ、途中で中断することは避けたいところです。そこで、遅れてきた人には議題やテーマの間などで入ってもらうようにし、**基本的に説明や検討の途中での入室は禁止とする**ことをおすすめします。

また、事前に遅れるという連絡のあった人には、議事やテーマの順番やその時刻などを伝えてそのタイミングで入室してもらうようにします。

このようにすることで、何度も中断して不必要な時間が費やされることを防ぐことができます。

また**会議などに遅れてあとから参加してくるという行動は、他の人たちにも伝染していきます**。1人が遅れてくることによって中断したりすると、定刻にきた人には「遅れた人のために自分はムダな時間を使わされていると」いう思いが湧きます。また、遅れてきてもいいのだという雰囲気にもなっていき、だんだんモラルが低下します。

そして、それまできっちりと時刻を守っていた人までも、定刻にこなくなります。最終的には、**会社全体が時刻を守らないルーズな体質になっていく**のです。

03 道標が設定されていない

いざ会議がはじまってみると誰も口火を切らず、お互いに目配せをはじめるなどということはありませんか。

これは、会議で話し合う議題やテーマは決まっているのに、**何から話しはじめてどのように結論に至るのかということが決まっていない**ために起こります。そのため、会議がはじまってから、何を話し合い、どのように進めていくのかを考えることになるのです。

どう考えても、参加者にとってこの時間はムダです。その上、**その場の思いつきで話し合う内容を決めているので、どうしても抜けや漏れが発生してしまいます。**

話し合う過程が明確になっていないのですから、そもそも会議時間は適当に決められたということになります。その時間内に終わる保証など全くありません。これでは遅れる／遅れない以前の問題です。

会議やミーティングを主催する人は、はじめる前に**どのような内容をどのような順番で話し合って、どのような成果（ゴール）を出すのかという道標（アジェンダ）を作成しておくことが大切**です。

アジェンダを考えていく際には、ゴールから遡《さかのぼ》って話し合わなければならない項目を洗い出していきます。

例えば、A案とB案のどちらを採用するかを判断することがゴールだとすれば、最後に行うことは比較です。そして、その前にはそれぞれの案について正しく認識する必要があります。

ですから、それぞれの案に関する不明点、疑問点をなくすための質疑を行う必要があります。また、質疑をするためにはそれぞれの案の詳細を説明してもらう必要があります。漫然と説明されると焦点がぼけるので、説明のポイントを絞り込む必要があるかもしれません。

このように考えていくと、

①　2つの案の説明のポイントを明確にする
②　それぞれの案の内容を説明する
③　それぞれの案について質疑を行う
④　どちらを採用するか比較・検討する

というアジェンダが出来上がるわけです。

そのアジェンダが明確になったら、この**全てを会議の時間の中で行うべきか、事前に行っておくべきかを考えます。**

①にあたる〝○○の機能について〟や〝○○の性能について〟〝○○の実現性について〟〝価格について〟などの説明のポイントは事前に主催者が決めておき、②それぞれの案の説明についても事前に資料を配布するなどして重要なポイントだけを当日説明するという方法もあります。

限られた時間の中で確実にゴールに至るためには、アジェンダを明確にした上でどこまで会議の中で行うかを決めていくことが大切なのです。

04 進行者がいない

実際に、客先で会議へ参加していると進行者がいないことがあります。このように言うと「さすがに、そのようなことはないでしょう」と思われるかもしれません。

会議の主催者や役割として司会を仰せつかっている人は存在しますが、実際に会議を進めている人がいないのです。特に、**上位者（課長や部長、役員、社長など）が参加する会議では、進行者が不在になる傾向があります。**結果的に、会議は上位者の興味や関心のあることだけに終始し、迷走してゴールへたどりつけないものになります。

ある会社では、顧客との取引契約について発生した問題への対応策を決める会議であったにもかかわらず、途中から担当者に対する注意や指導の場となり、最終的にその問題とは関係のない小言までもが並べられていくことになりました。このような会議は最悪です。

このようなことを起こさないためには、しっかりとした進行者を立てることが重要です。**進行者は、まず前項で説明したアジェンダを作ることからはじめます。**自分自身でどのように会議を組み立てていくかを考えることが進行をしていく第一歩なのです。

アジェンダが作成できたら、今度はその中で**どのような議論が展開されるかを想定していきます。**そして、最終的に導き出される答えまで想定するのです。すると検討項目の抜けや漏れ、順序の間違いなどが明確になります。またおおよその時間なども見積れます。

そこまでできたら、できればアジェンダを他の人に見てもらってください。そうすることで、自分の考えの抜けや漏れ、順序の間違いなどを確認してもらうことができます。見てもらった人から指摘されたことを踏まえて、もう一度会議の進行をイメージしましょう。そうすることで、さらに効果的に会議を進行できるようになっていきます。

このように具体的な進行のイメージを持って会議を進めていくと、話が逸れていっていることや、論点がぼやけていることに気がつくことができます。それらに気がついたら、

仕切る人がいないと脱線する
○×対策会議
社長
なんで
こんなことに
なるんだ！
そもそも君は××の
時も障害を発生
させて……！
またその話
かよ……
話が先に
進まない……
また
始まったわ
○×対策会議
1、現在の状況確認
2、対策案の検討
3、対策案の実施
なんでこんな
ことになるんだ
!!
社長
それをこれから
確認します

参加者に伝えて本来のところへ戻るように促していきます。

ここで注意する点が1つだけあります。それは、進行のイメージは持つ必要があるのですが**自分の出した結論に誘導しないように気をつける**ことです。

結論は、会議に参加している人たちの知識や知恵、思いによって導き出されるべきものです。あなたの考えはその1つの可能性にしかすぎません、自分の描いた結論にたどり着かせるのではなく、最良の結論へ導くことが進行者の役割です。そのことだけは忘れないでください。

会議をはじめる前に、アジェンダを作成して、具体的にイメージすることによって会議をしっかりと進行できるようになっていきましょう。

05 脇道へ逸れる

前項でも出てきましたが、会議を進めていくとよく脇道へ逸れていくことがあります。時事的な話題だったり、参加者が特に関心を持っている事柄だったり、関連するプロジェクトの内容だったりと逸れていく内容はいろいろあります。

脇道へ逸れてしまわないように話題をコントロールするのは進行者の役割です。しかし、どこから脇道へ逸れるかを想定することは困難です。参加者が関心を持っていることを全て把握することはできませんし、関連するプロジェクトについてはどうしても話題に上がってしまいます。

ですから、常に本筋から離れないように意識しておくことが重要なのです。

そのために有効な方法としては、**ホワイトボードに議事の内容を書き出していく**ことです。

まず、会議をはじめるときに**アジェンダの項目を書き出して、どのように会議を進めていくのかを確認**します。そして、それぞれの項目について話を進めていき、その内容を基本的に全てホワイトボードに書き出していきます。

このようにホワイトボードに内容を書くようにすると、参加者の視線は進行者とホワイトボードへ向くようになります。これだけでも、議事の内容に集中でき脇道へ逸れることが減っていきます。

また、全てをホワイトボードに書き出すということは、当然、**脇道に逸れた内容もそこに書き出す**ということです。通常、進行者は話が脇道に逸れると、ホワイトボードなどへの記入をやめてしまいます。そして、話が落ち着くまで待つか、注意して引き戻そうとします。

しかし、何もせずに落ち着くまで待ったのでは、非常に多くの時間をムダに使うことになります。また、注意した場合には彼らの中に中断されたというわだかまりが残り、またすぐに同じ話題に逸れていきます。

そうならないためには、話が脇道に逸れてもホワイトボードに書き続けるのです。するると、それを見ている人たちは議題とは関連のないことが次々にホワイトボードに書き出されていることに気がつき、自分たちから話をやめていきます。自らやめてもらうことが重要なのです。話題が逸れていることをその人自身が目の当たりにし、それを自分自身でやめれば再びそこへ戻ることはないのです。

このようにホワイトボードを有効に活用することで、会議が脇道へ逸れていくことを防止することができるのです。

06

同じことが繰り返される

会議に参加していると、ふとデジャヴを見ているのではないかを思うことがあります。すでに結論を出したことが蒸し返されているのです。そして、また同じ議論が繰り返されて一旦落ち着きます。しかし、しばらくするとまた蒸し返される。

この繰り返しによって会議の時間が無意味に費やされ長引いていきます。

ではなぜこのような繰り返しが発生するのでしょう。

まず、繰り返しが発生する議題はどのようなものかと言うと、少なくともそれを蒸し返す人にとって、とても重要な判断を伴う内容です。そして、**結論として出たことが本当にいいのかどうかが不安であり、どうしても確認したくなる**のです。

物事を判断するときに不安に思う気持ちは分かります。しかし、その不安を払拭するた

めに他の人の貴重な時間を無意味に消費することはどうかと思います。はっきり言えば不安などなくなることはありません。どれだけ議論を尽くそうと、不安なものは不安なのです。

決めた内容が論理性に欠けていたり、明らかに抜けている項目があったりするのであれば再検討の余地がありますが、そうでないのであれば結論が変わることはありません。逆に、それで結論が変わるようであれば、議論事態が無意味です。

学問の世界であれば、これが正解というものがあるのでしょうが、ビジネスの世界では正解などないのです。であれば、**今ある情報を基に議論をして、決めた結果を信じて実施する**しかありません。

このように、どうしても重要な事柄を判断するような議題は、蒸し返されやすいものです。そして、実際に**蒸し返される原因としては、その判断の過程が十分だったかどうかを確認したいから**というものが多い気がします。

特に、蒸し返されて議論される内容が全く変わらないのであれば、間違いなく過程を確認しているだけです。どのような条件や項目を考えたのか、どのように比較して、何が決め手になったのかを再確認しているにすぎません。ですから、このような会議では「ですから、それは先ほどご説明したように……なのです」などという言葉がよく飛び交います。要するに忘れてしまっているのです。

では、決定した過程を忘れてしまわないようにするには、どうすればいいのでしょうか。この方法としては**議論を目に見える形で残しておく**ことが有効です。

もっとも手頃な方法は05項と同じようにホワイトボードなどに議論の内容を全て書きとめていくことです。こうすることで同じ議論を何度も繰り返すこともなくなりますし、蒸し返されることもなくなります。

ただ、議論の内容をホワイトボードに書いていくと話が進んでいくにつれ、全体の関係性などが分かりにくくなります。

また、ホワイトボードを書く人自身がその議論の内容を熟知していないと、そもそもどのように書いたらいいか、何と関連のあることかなどが分からず、あとから見ても何の話だか分からなくなってしまいます。

そこで、**付箋紙などを使用して議論を進めていく**ことをおすすめします。発言する人が意見を付箋紙に書き、それをホワイトボードなどに貼りつけていきます。その際に、関連性のある内容などを近くに貼ったり、線で結んだり、同じような内容のものをまとめて囲ったりしていくのです。

付箋紙に書き出すと言うと、とても面倒に思うかもしれませんが、実際にはこの書くという行動が大切なのです。紙に書こうとすると、自分の言いたいことが明確になります。そうすることで気分や思いつきによる無責任な発言がなくなります。当然、同じことを言うこともなくなります。また、発言する人自身が記入していきますから、自分の伝えたいことを的確に表現することができます。

そして、何よりも**一目で全体が俯瞰でき、関係性なども整理できているので、どのような議論が行われてきたのかがすぐに分かります。**このようになっていれば、話を蒸し返すためには新たな考えや、視点を書いた紙が必要になってくるのです。

このように議論の過程や、決定に至った理由などを目に見えるようにすることで、同じ話題が繰り返され、不必要に会議の時間が延びていくことを防ぎましょう。

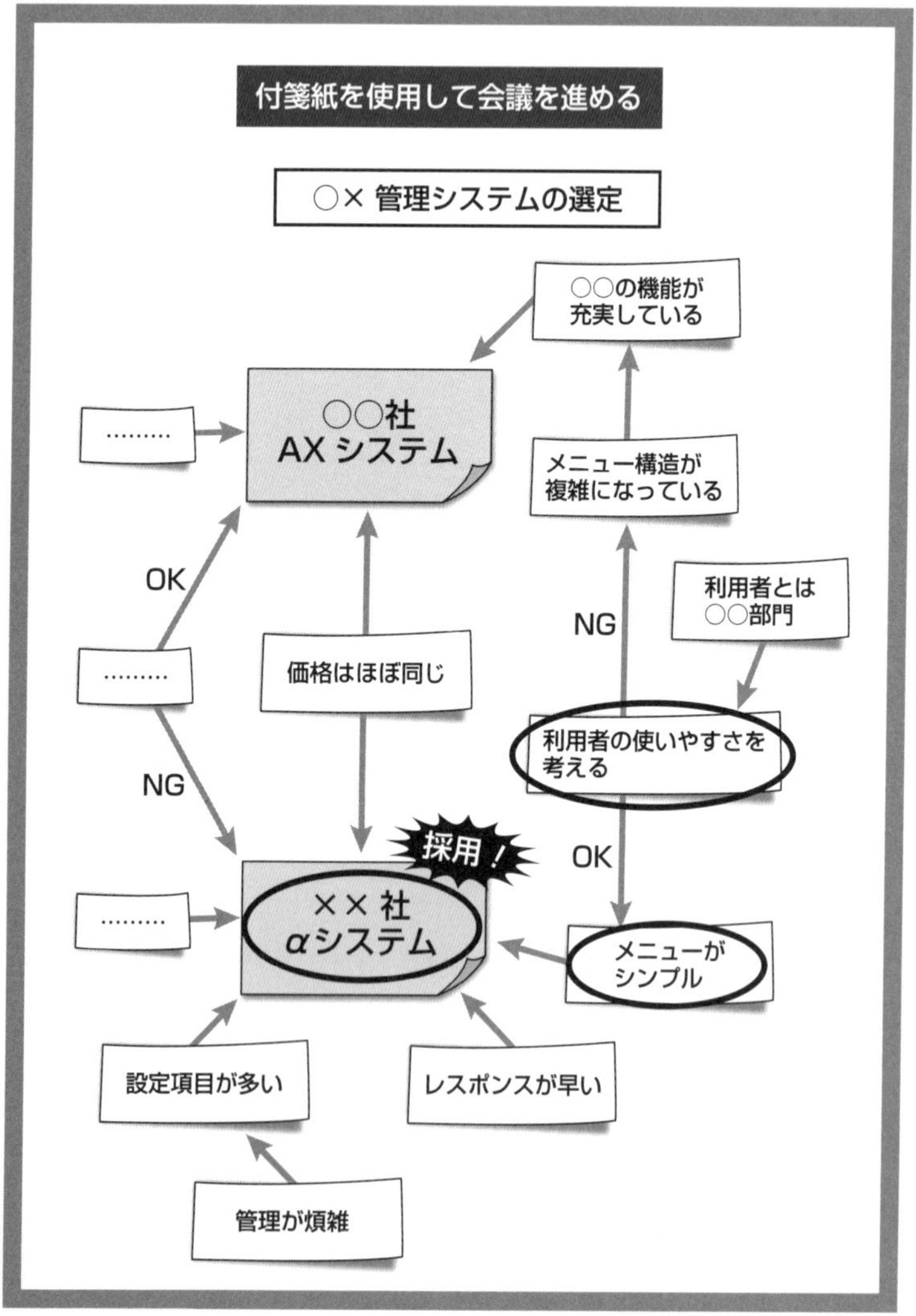
付箋紙を使用して会議を進める
○× 管理システムの選定
○○の機能が
充実している
○○社
AX システム
……….
メニュー構造が
複雑になっている
OK
利用者とは
○○部門
NG
……….
価格はほぼ同じ
利用者の使いやすさを
考える
NG
採用！
OK
××社
αシステム
……….
メニューが
シンプル
設定項目が多い
レスポンスが早い
管理が煩雑

第6章

顧客への アプローチが遅れる

「今までに何度も訪問し、いろいろな情報も提供してきたのに、気がついたら競合に仕事を取られていた……」などということはありませんか。また、仕事をしていく中で次から次に顧客から要望が出てきて、仕事がいつまで経っても前に進まない、あるいは顧客に振り回されている、などということはありませんか。

このようになってしまう原因はどこにあるのでしょうか。顧客に問題があるのでしょうか。「あれだけやってあげたのに恩知らずな！」「要望は、はじめにまとめて言ってもらえないのかな！」「思いつきで話をされると困るのだけどな」などと感じていませんか。

確かに、相手側に問題がある面もあります。

しかし、自分自身にもいろいろな問題があります。他社に仕事を取られてしまったのは、顧客にとって重要な情報がタイムリーに提供されなかったからでしょう。次々に要望が出てくるのは、こちらがはじめに要望を把握しきれていないことも原因でしょう。顧客に振り回されているのは、こちらが後手に回っている証拠です。

ようするに、こちらからのアクションが、顧客のタイミングに合っていないことが問題なのです。

01

重要な情報を収集できていない

顧客に営業するときやプロジェクトをはじめるとき、あるいは仕事を進めていく中で、私たちはいろいろな情報を収集していきます。

顧客の扱っている製品やサービスの内容、経営理念や方針、経営状態など、その顧客自身の情報、そして業界の状況や競合の動向など外部の情報も集めていきます。また、顧客から直接、現在発生している問題や取り組もうとしている課題などについても聞き出します。

そして、それらの情報から顧客に合った情報の提供や、製品・サービスの提案などを行います。

しかし、これだけの情報を入念に調べて適切に対応しているはずなのに、顧客から選ばれないのはなぜでしょう。

実は、**収集すべき重要な情報が欠けている**のです。

それは、それぞれの情報の背景です。人がとる行動には必ず何らかの背景があります。

「扱っている製品やサービス」には、それによって何かを実現したいという思いがあるはずです。

「経営理念や方針」には、そのような会社を作らなければならないという強い使命感があるはずです。

「現場で起こっている問題や課題」についても、会社の中で起こっているいろいろな事象の中でなぜその事柄を問題や課題として捉えたのかという理由があるはずです。

実は、このそれぞれの情報の背景が重要なのです。

表面的な情報をたくさん集めるよりも、このような**背景をしっかりと捉えることで相手は何を大事にしているのか、どのような価値観を持っているのかを理解することができます。**

この背景を把握していれば、他社に先を越されることもないですし、後手に回ることも少なくなります。

では、「背景はどのように入手すればいいのか」と思うかもしれません。答えは、いたって簡単です。単純に**相手へ聞く**だけです。「なぜ、この製品を作ろうと考えられたのですか」「なぜ、このことが問題だと考えられたのでしょうか」と聞くのです。

ひょっとすると「この製品は儲かるから」という答えが返ってくるかもしれません。だとすると儲かる／儲からないが、その顧客の価値観ということになります。

ただ、本当にそれだけなのか、他にはないのかを確認する必要はあります。

問題点については「一般的にどう考えても問題である」と思えるようなことについてもしっかりと確認します。

例えば、〝不良品を出荷することは問題である〟ということは誰もが思うことです。しかし、なぜ問題なのかを確認すると「顧客に迷惑をかけるから問題」と考える人もいれば、「製品の悪い評判が広まって売れなくなるから問題」や「問合せや修理、交換などで余計な費用がかかるから問題」と考える人もいます。そして、これらの視点によって対応の仕方も大きく変わってくるのです。

〝一般的〟や〝常識的〟には明確な定義はありません。実にあいまいなもので、人それぞれ内容は異なっています。ですから自分が一般的に問題だと思っていたとしても、相手は別の視点で問題だと思っているかもしれないのです。そして、あえてそれを重要な問題であると優先してあげた理由も確認しておくべきです。

また、**言葉だけではなく、相手の普段の行動や発言にも気を配っていくことが大切**です。何度も口癖のように出てきたり、強く反応したりする言葉は、その人の重要な価値観に関わるものです。

このように、相手の思いや関心事、価値観を共有することで、重要な情報を漏らさず捉えアプローチが遅れることを防いでいきましょう。

02 仲間と連携が取れていない

多くの会社では、顧客ごとに担当者が決まっています。しかし、顧客と関係しているのはひとりの担当者だけではありません。

営業担当者は顧客の要望を聞いたり、提案をしたりと先頭に立って接触していますが、実際に製品やサービスを提供する段階になれば、技術担当者やサービス担当者がより深いレベルで顧客と関係を持ちます。そして、製品やサービス提供後にはサポート担当者が顧客からの質問やクレーム、要望などを受けるようになります。

こう考えていくと、1つの顧客に対してもいろいろな接点があることになります。

そして、多くの企業ではこれらの**接点どうしが連携していない**のです。

では、なぜ連携がうまくいかないのでしょう。それはお互いに他の人が現在何をしてい

て、この先に何をしようとしているのかが分かっていないからです。

例えば、営業担当者が受注して、サービス担当者に引き継いだ場合、営業担当者はサービス担当者が内容に関する打ち合わせを誰とどのように行っているか知らなかったりします。ひょっとすると経営者へのインタビューなどを行って、今後の重要な方向性などを聞いているかもしれません。しかし、営業担当者はそのことを知らないのです。

また、技術担当者やサポート担当者は、具体的に現場で発生している問題や課題などを目の当たりにしていますが、営業担当者がこの先どのようにアプローチしていくつもりなのかを知りません。ですから、この先の提案にとって重要な情報を入手していたとしても、営業担当者に伝えることなく忘れていくのです。

そして、あとになってから技術担当者が「以前に会社の人がそんなこと言ってたな～」と言い出し、営業担当者は「なぜ教えてくれなかったのだ！」と怒鳴ることになるのです。

明らかに社内での情報の連携がうまくいっていないということです。

このような事態にならないためには、**お互いが今何をしていて、この先に何を行おうとしているのかが把握できるようにしていくことが大切**です。

今自分がどの顧客に対して何をしているのか、この先に何をしようとしているのか、そしてこれまで何をしたかが分かるようにするのです。

例えば、営業であれば〝○○様（顧客）に対して××の提案〟、サービスであれば〝○○向け××研修実施〟、開発などであれば〝××について○○様と打ち合わせ〟などです。

これらを付箋紙などに書き出して、実施予定、実施中、完了と分けた枠に貼って、誰でも見えるところに掲げます。こうすることでお互いが今何を行っていて、何を行おうとしているのかが分かるようになります。また、社内システムを利用し、各自が情報共有できる環境を用意してもいいと思います。

各自の状態を見える化したら、それをお互いに見るようにします。そうすることで他の担当者が何をしているのか、この先に何をしようとしているのかが分かります。

そして、**見ている中で気になることがあったら、そこにコメントを残していくようにします。**

例えば、営業担当者がサービスや開発の状況の中に重要な人物との打ち合わせなどが予定されているようであれば、「○○についての考えを聞いておいてください」や「打ち合わせで○○に関する内容があればあとで教えてください」などと書き込みます。そして、他の営業マンには、「競合との○○について敏感になっているので注意してください」や「○○社は××に問題を抱えているらしい」などのアドバイスや情報を提供していくのです。

このような仕組みを作ることで、社内の情報を有効に活用できるようになるのです。そして、このような仕組みを作っていくには、**まずは自分の状況を開示する**ことからはじめます。

そして、そこに何でもいいから**コメントを書いてもらう**のです。

自分の行っていること、行う予定のことを開示して、他者へ情報提供していくことにより、社内の連携をよりいいものにしていきます。

そして、顧客へのアプローチをより円滑で、迅速に行えるようになっていきましょう。

03 事前の準備が行われていない

顧客へのアプローチが遅れてしまう原因として、事前の準備が行われていないということがあります。

他者との連携によってアンテナを張り巡らし、重要な情報をしっかりと把握して、いざアプローチをする機会が到来したとしても、そのときになってからいろいろな準備をはじめていたのでは、結局対応が遅れることになります。このようなことで対応が遅れないようにするためには、事前の準備が欠かせません。では、何を準備しておけばいいのでしょう。

まず、**準備しておくべきものは製品・サービスのパンフレット、カタログ、説明資料やサンプルなど**です。私も経験があるのですが、客先に出かけようと思ってパンフレットを取りに行くと在庫が切れているのです。慌てて自分のキャビネットの中に残っていないか探し、それでも見つからなかったので簡易的な資料をパワーポイントで作って持っていくことになりました。

このようなことにならないためには、常に在庫を置いておくことが必要です。手配してから入手できるまでの期間などを基にして在庫の下限値を決め、その量を下回ったら手配をかけるようなルールを作っておくのです。

例えば、パンフレットなどの場合には、下限の量のところに「手配をお願いします」などと書かれたカードを挟み込んでおくことで、パンフレットを持っていくときにそのカードが出たら手配の担当者に連絡を入れるという方法をとるのです。

次に、**準備しておくべきものは提案書や契約書、見積書など顧客に提示する書類などのひな形と、そこに組み込む素材**です。

これらは顧客の状況や提供する製品・サービスによって内容が異なってくるので完成したものを準備しておくことはできません。しかし大枠や定型的な部分だけでも準備しておくことで、作成にかかる時間が大幅に違ってきます。

自分たちが提供できる製品やサービスは限られた種類しかないはずですから、それについて提案したり契約したりするときに作成する書類の構成はだいたい決まってきます。例えば、提案書の構成は〝背景・目的〟〝概要〟〝現状把握〟〝問題点・課題〟〝解決方法〟〝効果〟〝実施体制〟〝スケジュール〟〝費用〟となります。この構成に合わせて定型的な文章などを入れたひな形を作っておくのです。また、解決方法や実施体制、スケジュールなどは自分が提供する製品やサービスの内容を示すものなので、あらかじめ素材として資料を作成しておき、顧客の課題に合わせて選んで入れられるように準備しておきます。

最後に、**準備しておくべきものは、内部での役割分担や基本的な手続きの流れ**です。誰が顧客からの問合せや実務の窓口になり、実際にはどこの部署が製品・サービスの提供を行い、どのような体制でサポートするのかを明確にし、どのような手順や指示命令系統でそれらの人たちを動かすのかなどを準備しておくのです。

このように、しっかりと事前の準備をしておくことが重要です。まずは、今までに使ったり、行ったりしたものなどを基に準備し、その後は新しく発生したものから順次拡充していくようにすればいいのです。

04 関係部署との調整が取れていない

いろいろな情報を収集して、アプローチのための準備もしっかりしました。そして、顧客もこちらからの提案を待っている。全ての御膳立てがそろったとき、他の部門や上の人から、「勝手にそのような提案をされては困る！」などとストップがかかります。

お互いに情報を共有していたはずであり、資料の作成などにも協力してくれていたのだから知らないはずはないと思うのですが、とにかく進められなくなるのです。とても理不尽なことを言われているように感じます。

このようなことは、実際に多くの企業で発生しています。

多くの場合、これは実務上の問題ではなく、**組織上の役割や権限あるいは手続き上の問題**です。現場レベルでの実務上の調整は十分に行われているのですが、上司を通した組織

的な手続きや承認が得られていないのです。

このような内部的な都合で、アプローチが遅れることは本当にもったいないです。

では、このようなことが起こらないようにするためには、どのようにすればいいかと言えば**「ほう・れん・そう」を徹底的に行う**のです。

「ほう・れん・そう」とは、改めて言うまでもないと思いますが〝報告〟、〝連絡〟、〝相談〟のことです。依頼されたことや自ら実施したことに関して、依頼者や上司に内容とその状況を報告すること。顧客から伝えられたことや業務実施上で気がついたこと、発生した問題などを速やかに連絡すること。業務実施上で困ったことや悩んだこと、分からないことなどを抱え込まずに相談することです。

この場合は、自身の上司に対して「ほう・れん・そう」を実施して、正規のルートで調整をしておいてもらうことは当然ですが、**関係している部署の上位者に対しても普段から「ほう・れん・そう」を心がける**ことが必要です。

「相手の部署の上司には、その部署の担当者が報告しているはずだから大丈夫だ」と思うのは、とても危険です。担当者からすれば、こちらの仕事に協力しているだけであって、本来の自分が行うべき業務ではないという認識かもしれません。

もし、このような認識だったとすると上司には「〇〇さんと営業情報を共有しています」程度の軽い報告や連絡しかしていないと思われます。このような状況で、急に他の部署から自部署に関連する顧客へのアプローチのことを言われれば、その部署の上司は「聞いてない！」ということになるのです。

そのようにならないために、相手の部署の上司にも自分の行っていることとその目的をしっかりと理解してもらい、どのような状況になっているのかを把握しておいてもらうことが大切です。

関係部署との調整をしっかりと行っておくことで、勝負時を逃さないようにしましょう。

05 タイミングを計っているつもり

ある顧客に対して、この製品が最もフィットしているのではないかと思える提案があるにもかかわらず、なぜかその手前で躊躇《ちゅうちょ》する。そのような営業マンを見たことがあります。「なぜ、ストレートにあの製品の提案をしないのか？」と聞くと、「まだ顧客の認識がそこまで至っていない段階で、あの製品のことを言ってもダメなのです」と答えが返ってきました。確かにそうかもしれません。

しかし、本当のところがどうなのかは誰にも分かりません。それよりも、私はこの担当者が駆け引きを楽しんでいるだけのような気がしてなりませんでした。

そして、この顧客への提案は、時間がかかりすぎて他社に取られてしまいました。

内容的には自社の持っていた製品のほうがよかったと思っていただけに、とても残念でした。

このように、実際に準備が整っていないわけでもなく、何か障害があったわけでもないのに、**最終的なアプローチで担当者が止めてしまっている**ことがあります。

確かに、いろいろな駆け引きやタイミングを計ることが必要な場合もあります。それは否定しません。

しかし、多くの場合は、自分が駆け引きをしたり、タイミングを見たりしているつもりで、実際には何の意味もないことをしているのです。ひょっとすると、ただ単に自分が行動を起こせないことを自己弁護するために、それらを引き合いに出しているだけかもしれません。

私は、基本的に**自分たちが収集した情報を基に最良であると考えたものを素直に相手にぶつけてみる**べきだと思います。そうすれば、実際にはこちらの考えに何か違いがあるのか、相手の理解がまだそこまで至っていないのかも明確になるのです。

行動を起こせば結果が出ます。結果が出れば次にどのような行動をとればいいかが明確になります。それを繰り返していけば必ず成功につながるはずです。

自分たちだけで勝手に顧客のことを決めつけて、勝手に駆け引きしたり、タイミングを見たりしても結果は出ません。

ぜひ、自分の思い込みから脱して、素直に顧客に向き合って対応していくようにしてください。

おわりに

本書をお読みいただきありがとうございました。

本書のテーマは〝遅れない〟ことです。そして、「遅れる／遅れない」ということは基本的に時間という概念のもとにあります。時間に対する考えがなければ、「遅れる／遅れない」などということは発生しないのです。

そして、時間はこの地上に存在する全てのものに、平等に与えられています。人が仕事や生活に時間を消費するように、昆虫たちも日々を生きています。植物も時間と共に成長していきますし、建物も時間と共に老朽化していきます。

時間は、一度過ぎてしまったら取り戻すことができませんし、誰かと交換することもできません。ましてや、お金を積んだからといって買えるものでもありません。それだけ、貴重なものです。

〝遅れる〟ということは、この貴重な時間をムダに消費するということに他ならないのです。ですから〝遅れる〟ということをなくして、私たちに与えられた貴重な時間を有意義に活用していくことが、人生を豊かにする第一歩なのではないでしょうか。

ただ、ここで1つだけ注意しておきたいことがあります。

それは、〝遅れない〟と聞くと誰もが早くやろうとしますが、〝遅れない〟ことと〝早くやる〟ことは、全く違うということです。

〝遅れない〟とは、約束した期日を守ることや予定していた時間で終わらせることです。そして、相手もその期日に受け取ることやその時間で行うことを求めています。ですから、極端に早く提供されたり、短い時間で終わらせてしまったりしてはいけません。

例えば、約束の時間や期日に遅れてしまうよりは、早く行ったほうがいいということに対して、誰も異を唱える人はいないでしょう。

しかし、約束の時間よりも1時間も前に集合場所や顧客先を訪ねたりすれば、約束の時間までの1時間をムダに消費することになりますし、長い時間居すわられることによって集合場所の人に迷惑をかけることにもなります。

顧客先であれば、あなたへの対応をしなければならなくなり、相手にもムダな時間を強いることになるでしょう。

また、商品が早く納品されると、受け取った側はそれを保管するための場所を確保しなければならなくなります。

早いことには、早いことの問題があるのです。

本来、物事には必要なタイミングがあります。ですから遅くてもダメですが、早くてもダメなのです。いかにして相手の求めるときに、求めるものを、求める量だけ提供していくか、これに真剣に取り組んでいくことが〝遅れない〟ことなのです。くれぐれも誤解のないようにしてください。

また、昔のことわざに「急《せ》いてはことを仕損じる」というものがあります。あなたも聞いたことがあるのではないかと思います。

〝遅れない〟ということを考えていくうちに、このことわざがふと頭に浮かんできました。

遅れてしまう人の多くが〝急いで〟いるのです。「自分は作業が遅いから……」「自分はよく約束に遅れるから……」と思って〝急いで〟やろうとして多くの誤りを犯すのです。

そして、その結果として予想通り遅れるのです。

〝自分が遅い〟とか〝よく遅れる〟ということを認識することは大切なことです。認識していなければ何も対策が打てません。しかし、だからといって、慌ててしまっては逆効果です。

まずは、何がどのように遅いのか、そしてその原因が何で、それを解決するためには何をする必要があるのかを1つ1つ考えて手を打っていくことが大切なのです。


また、これは仕事を依頼する側も意識する必要があります。

「とにかく早くやれ」「何とかしろ」では、何ともならないという現実をしっかりと認識することが重要です。このようにして尻を叩いて仕事をさせれば、多くの場合いろいろな見落としや誤りを犯し、かえって時間がかかってしまいます。そしてのちのち、大きなトラブルが発生したりするのです。

まず、期日までに行うためには何をしなければならないのか、どれだけの資源が必要なのかを冷静に検討し、そして、それらの事柄を粛々《しゅくしゅく》とこなしていくことが期日に遅れないために最も確実な方法です。

闇雲に、急ぐことには何の意味もありません。しっかり全体を捉え、行うべきことを確実に進めていくことで、はじめて〝遅れない〟ようにできるのです。

ぜひ、「急がば回れ」という言葉のように、確実に仕事を進めていってください。

本書では、いろいろな〝遅れる〟事象とその原因、そして、それらへの対処方法を紹介させていただきました。ここに書かれている以外にも〝遅れる〟事象はあるでしょうし、その原因に至っては足りないものだらけでしょう。

しかし、本書に載せたことだけでも一度考えてもらえれば、少しは〝遅れる〟ことを減らせるはずです。

もし、あなたが気になるものがあったら、ぜひ取り組んでみてください。

本書が、あなたが活き活きと働いていくための一助になれば幸いです。

最後に、本書を出版する機会をくださいました明日香出版社様、いつも新しい視点を提供してくれる編集の久松圭祐氏、執筆にあたって貴重な時間を割いて率直なアドバイスをくださった加藤奈穂子氏、岡山大輔氏、石川礼子氏、そして常に私を支えてくれている妻へ心から感謝申し上げます。

２０１２年8月　石谷 慎悟

■著者略歴

石谷　慎悟（いしたに　しんご）

業務改善コンサルタント
1967年生まれ。株式会社沖テクノシステムズラボラトリにて制御系および情報系システムの企画・設計・開発に従事。その後、監査法人トーマツおよびトーマツ コンサルティング株式会社にて販売・調達・原価・会計・予算管理等の業務設計、経営情報システム企画・導入等の経営コンサルティングに従事。コンサルソーシング株式会社にてTPS（トヨタ生産システム）をベースとした事務・営業・開発の改善コンサルティングを実践。商工会議所および各種団体において“仕事の整理・整頓”、“仕事の見える化”など多くのセミナーや講演を担当。
著書に『仕事の効率が3倍UP！ 整理・整頓4S仕事術』（明日香出版社）、『残業させないチーム仕事術』（明日香出版社）、『「要領がいいね！」と言われたい人の仕事の習慣』（明日香出版社）、『仕事で忘れない技術』（中経出版）がある。

FaceBook：
https://www.facebook.com/shingo.ishitani

本書の内容に関するお問い合わせ
明日香出版社　編集部
☎(03)5395-7651

いつもぎりぎりアウトの人《ひと》が身《み》につけるべき　遅《おく》れない技術《ぎじゅつ》

2012年　10月　17日　初版発行

著　者　石《いし》　谷《たに》　慎《しん》　悟《ご》
発行者　石　野　栄　一

明日香出版社

〒112-0005 東京都文京区水道2-11-5
電話(03)5395-7650（代 表）
(03)5395-7654（FAX）
郵便振替 00150-6-183481
http://www.asuka-g.co.jp

■スタッフ■　編集　早川朋子／藤田知子／末吉喜美／野口優／久松圭祐
営業　浜田充弘／渡辺久夫／奥本達哉／金本智恵／平戸基之／横尾一樹／田中裕也／関山美保子　アシスト出版　小林勝／古川創一　総務経理　藤本さやか

印刷　株式会社フクイン
製本　根本製本株式会社
ISBN 978-4-7569-1583-2 C2036

編集担当　久松　圭祐

「要領がいいね！」と言われたい人の仕事の習慣

ISBN978-4-7569-1469-9
B6 並製　192 頁　1400 円＋税

人員削減や NO 残業デーなど、一定の時間内にこなさなくてはならない仕事量が増えています。そんな中、ビジネスマンは手際よく仕事をこなさなければなりません。

そこで、ダンドリ良く仕事を終わらすために、要領の良くない人をいくつかのタイプに分け、それぞれのタイプに合った仕組みや習慣について紹介しました。

要領の悪い人たちは、思い込みで仕事を進める、目的を忘れて作業をする、細部にこだわりすぎる、仕事の段取りを組むことができないなどの問題があります。そうならないためのやり方を覚え、実践できるようにします。

石谷 慎悟のビジネス書 ②

仕事の効率が３倍UP ！
整理・整頓４S 仕事術

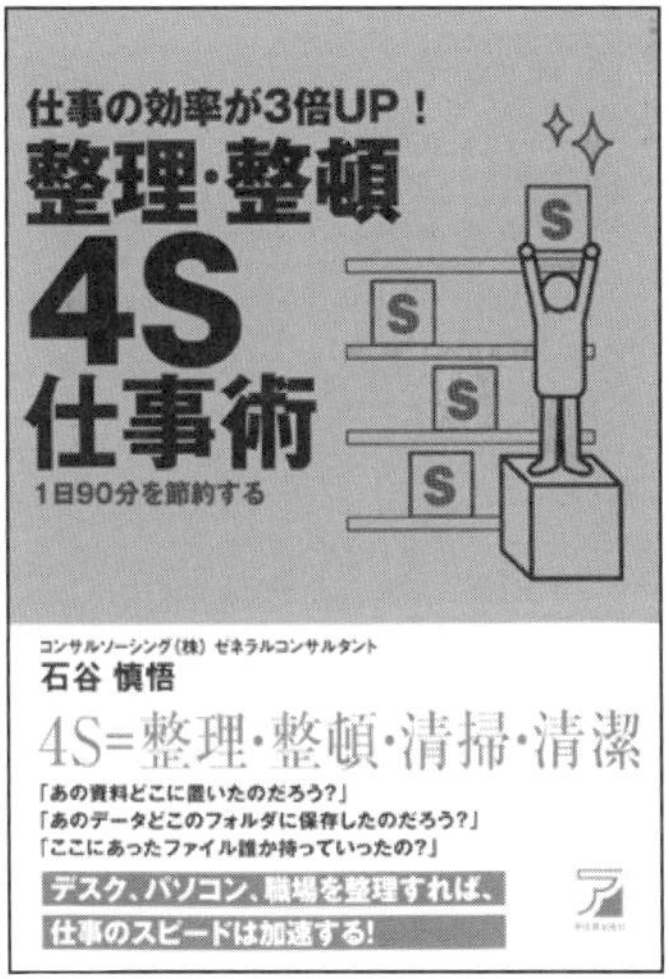

ISBN978-4-7569-1349-4
B6 並製　224 頁　1500 円＋税

デスクが散らかっている、書類がたまっている、パソコンの中身が整理されていない。机の中もぐちゃぐちゃだけど、頭の中もぐちゃぐちゃ。だから仕事の効率が上がらない。その場限りの片付けではなく、継続して４S（整理・整頓・清掃・清潔）が続けられるようになるための指南書。

ビジネスマンはもちろん、組織のリーダー必携の整理術の本。

残業させないチーム仕事術

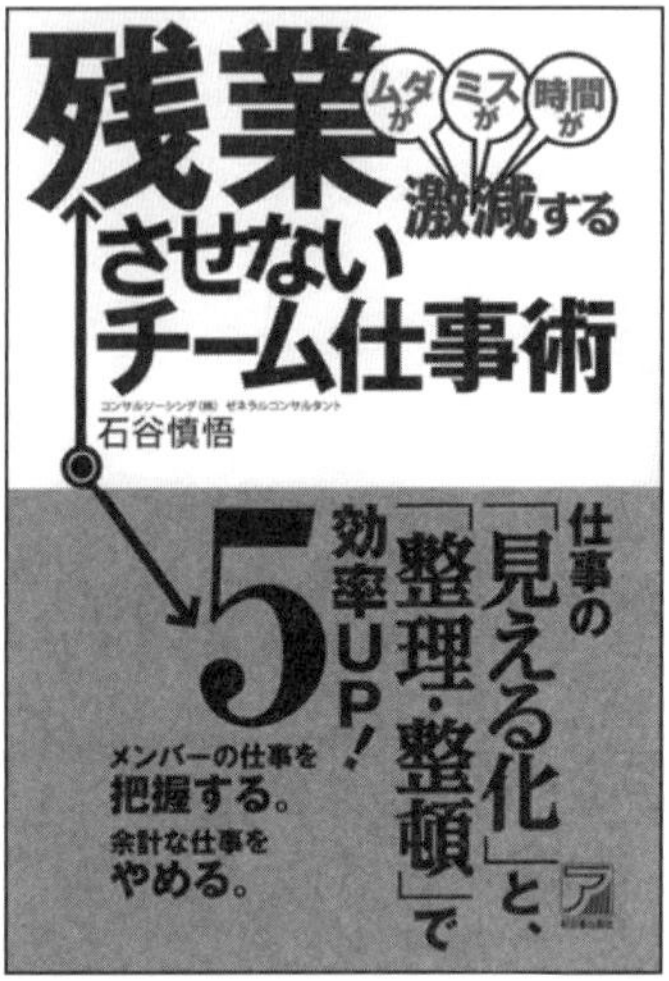

ISBN978-4-7569-1395-1
B6 並製　224 頁　1500 円＋税

ワークライフバランスという考え方が浸透しはじめ、仕事は大事だがプライベートも充実したいというビジネスパーソンが増えてきた。

そこで、仕事の「見える化」を行い、誰がどんな作業をやっていてどんな問題を抱えているのか、余計な仕事をしていないか、仕事に偏りがないか、仕事の流れが悪くないかなどを検証する。

「見える化」により出てきた問題に対して、仕事を「捨てる」・「ならす」・「流れるようにする」ことで効率がよく生産性の高いチームを作る。